语用学视角下的沟通与表达研究

张亚婷 著

吉林摄影出版社
·长春·

图书在版编目（CIP）数据

语用学视角下的沟通与表达研究 / 张亚婷著. --
长春：吉林摄影出版社，2022.11
ISBN 978-7-5498-5677-0

Ⅰ．①语… Ⅱ．①张… Ⅲ．①语言艺术－研究 Ⅳ．
①H05

中国版本图书馆 CIP 数据核字（2022）第 229171 号

语用学视角下的沟通与表达研究
YUYONGXUE SHIJIAOXIA DE GOUTONG YU BIAODA YANJIU

著　　者	张亚婷
出 版 人	车　强
责任编辑	孙　瑜
封面设计	文　亮
开　　本	787 毫米 ×1092 毫米　1/16
字　　数	200 千字
印　　张	10
版　　次	2022 年 11 月第 1 版
印　　次	2023 年 1 月第 1 次印刷
出　　版	吉林摄影出版社
发　　行	吉林摄影出版社
地　　址	长春市净月高新技术开发区福祉大路 5788 号
	邮编：130118
网　　址	www.jlsycbs.net
电　　话	总编办：0431-81629821
	发行科：0431-81629829
印　　刷	河北创联印刷有限公司

书　　号	ISBN 978-7-5498-5677-0	定　价：	68.00 元

版权所有　　侵权必究

前　言

　　二十世纪以来，语言学的发展十分迅速，不仅出现了众多的语言学流派，而且也涌现出语言学的许多分支学科，语用学就是其中之一。"语用学"，顾名思义，就是研究语言使用的学科。

　　语言是人类最重要的交际工具，然而语言只有在具体的使用中才能真正实现其价值。语言是生动的，更是鲜活的，它与使用者和使用环境有着密切的关系。语言的使用和厨师做菜是一个道理，相同的原材料、相同的做法，但是不同的厨师却能做出不同的风味。

　　语用学是语言学的一门新兴学科，它的理论体系还处于不断发展和完善之中。本书主要介绍的是语用学的经典理论，包含了指示词语、言语行为、合作原则与会话含义、预设、会话结构等。

　　本书的编写有如下特点：

　　第一：以知识传授为中心，较为全面地介绍了语用学的经典理论，同时也吸纳了国内外语用学新的研究成果。在此基础之上，结合了教学实际以及我们的思考，对其内容进行了适当的调整，形成了本书的理论体系。

　　第二：在理论的介绍和讲解方面，力求做到深入浅出、通俗易懂。从具体的语言现象出发，用生动实用的语言材料进行分析和论证。在语言材料的选取上，有大家熟知的文学作品，有我们生活当中的报刊，也有人们的日常对话等。既体现出理论性与学术性，也增加了书本的趣味性和可读性。

　　第三：体现语用学的实用价值，突出"语言运用"这一核心概念，强调理论与实际的结合。引导读者从具体的语言事实中理解和掌握语言使用的原则和方法，而不是死记硬背抽象的语用概念与规则。

　　第四：本书虽以语用学的经典理论为主，但是在写作中融入了"大语用"的思想。语用学的学习，应该有大语用的观念，要把学习语用学的视野打开，不能只局限于狭义的经典语用学理论。而是应当重视语用学的实用价值，注重语用学知识的实际运用，这需要我们自觉地培养语用分析的意识，养成语用分析的习惯，将语用学的理论知识用到实际的语言实践中，这是学习语用学的着力点和归宿点，也只有这样才能真正地做到学以致用。

目 录

第一章 语用学的理论基础 ·········· 1

第一节 语用学与互动语用学 ·········· 2

第二节 语用学研究的维度分析 ·········· 12

第三节 语用学研究意义与价值 ·········· 18

第二章 人际关系与沟通 ·········· 19

第一节 人际关系 ·········· 20

第二节 沟通基础 ·········· 30

第三章 沟通互动语用学的话语构建 ·········· 33

第一节 谈话分析与常人方法论 ·········· 34

第二节 谈话分析与社会行动 ·········· 46

第四章　语用学视角下沟通的礼貌与反讽 …… 61

第一节　语用学视角下沟通的礼貌原则 …… 62

第二节　语用学视角下沟通的反讽认知 …… 74

第五章　语用学视角下沟通的语境、预设与元话语 …… 79

第一节　语用学视角下沟通的语境 …… 80

第二节　语用学视角下沟通的预设 …… 91

第三节　语用学视角下沟通的元话语 …… 102

第六章　语用学视角下沟通的合作与自我中心 …… 115

第一节　语用学视角下的话语合作 …… 116

第二节　自我中心现象与本质 …… 127

第三节　交际中的互动协同 …… 137

第四节　说－听言语交际模式 …… 144

参考文献 …… 153

第一章 语用学的理论基础

第一节　语用学与互动语用学

一、何谓语用学

对语用学的界定可以从不同角度开展，如：语境的角度、语言使用者的角度、学科性质的角度等。例如，语用学可以定义为一门研究语境化意义的学科。有学者持类似的看法，认为语用学研究语境中的意义。还有学者将语用学定义为关于话语如何在情境中表达意义的研究。

有学者则认为，语用学研究如何运用语境进行意义推理。联系语境研究语言是语用学研究的一个基本特征，"任何语用学的定义如果不提及语境的话都是不完整的"。从语境角度界定语用学决定语言传达意义的方式，揭示同样一句话出现在不同的语境中会传递不同的意义。试比较：

（1）A：你妈妈是一位医生，那你爸爸呢？

B：他是一名律师。

（2）A：我和银行的合同有点问题，你父亲能帮我吗？

B：他是一名律师。

（3）A：我的电脑出了问题，你能请你父亲帮我吗？

B：他是一名律师。

在上面三个例子中，B针对A的不同提问均使用了相同的回应方式。然而，B的回应在这三个不同语境中的解读是不同的：第一个是针对父亲职业提问的直接回答，可以从字面上进行理解；第二个是对父亲能否帮助处理合同问题这一请求的间接肯定回答，需要结合语境特别是相关背景知识（如律师熟悉合同事宜）进行推理；第三个是对父亲能否帮助修理电脑这一请求的间接否定回答，同样需要结合语境特别是相关背景知识（如律师未必熟悉电脑维修事宜）进行推理。

考虑到语境的中心作用，这里有必要对该概念加以适当的展开。语用学在原有的认识基础上给语境概念赋予了一些新的认识。首先，语用学中对语境的界定很宽，可以包括以下层面：情景或者物理层面、社交层面、心智层面和语言层面。有学者指出，在语用学中："语境的概念超越了它作为客观场景（话语是在这样的场景中产生的）的明显展示，而且包括了语言的、社交的和认知的因素"。

情景或者物理层面涉及交际发生的场景、环境、时空等因素。一些语言形式（特别是指示性或者指称性表达）的解读特别依赖于语境。例如：

（4）这个和这个是你的，那个是我的。

（5）过来。

在（4）中，除非我们知道谁在对谁说话并且知道说话人的手指向的物品，否则我们难以弄清"这个"，"你的"，"那个"或者"我的"的具体指代对象。在（5）中，过来在不同的语境中可能指"到桌子这儿来""到办公室来"或者"到舞台上来"，具体指到哪里来取决于说话人当时身处的位置。

语境的社交层面包含了社交距离、社交角色、社交关系等。有学者指出，语用学研究人类语言交际中决定语言使用的社会语境条件。设想杰克和凯特是同事，社会距离近，这使得杰克可以对凯特使用熟悉的称呼语（即凯特，而非格林女士之类的称呼）。

语境的心智层面与谈话双方的背景知识、信仰、兴趣、期盼等有关。在（2）中，A假定与B共享特定的背景知识，即律师熟悉合同事宜，B如果不具备这一背景知识，则无法理解A的话语。

最后，语境的语言层面或者说上下文，指某一话语之前或者之后的话语（成分）。在（1）～（3）中，"他"均用来指代你父亲；B所说的话语之所以有不同的解读，从很高程度上来说是由于其所处的语言语境（即A说的话）不同。语用学赋予语境的另一个新认识是：语境是动态的，是在话语的生成和理解过程中被选择、调取或建构起来的，而不是事先存在的、固定不变的。对于构成语境的情景或者物理层面、社交层面、心智层面和语言层面，无论哪一层面都不是全部地、事先地影响话语的产生与理解。"语境是以语言使用者为指向的，不同的人对同样的语境的感受会不一样"。说话人会选择这些层面的某一因素或成分参与话语的生成。同样，听话人也只是激活、利用这些层面中能够有助于当前话语理解的语境成分参与话语的理解。总之，语用学致力于研究动态语境的生成与作用，能够帮助我们更好地理解"语言和语境之间的关系，而这种关系是解释语用理解的基础"。

对语用学的界定也可以采用语言使用者的角度。"语言运用者视点"是确定语用学研究取向的最为重要的一点。从说话人的角度看，语用学是研究说话人意义的一门学科，关注人们说话的真实意图。由于说话人的真实意图有时不同于所说话语的字面意义，语用学又可以描述为一门解释交际中如何传达多于字面信息的意义的学问。从听话人角度看，语用学研究听话人如何通过推理获取说话人试图传达的意义（或不同于字面意义的意思）。Katz认为，语用学"解释说话人和听话人的推理"。试看（6）和（7）：

（6）彼得：你下午来听讲座吗？

保罗：我感觉不太好。

（7）杰克：你通过期末考试了吗？

玛丽：我在哲学方面失败了。

根据我们的直觉，（6）中保罗的意思并不是要告诉彼得今天自己身体不好这一信息，而是想通过提供这一信息告诉对方今天下午自己不能去听讲座。可见，保罗表达的意思不同于他所发出话语的字面意义。在（7）中，玛丽不仅传达了自己哲学课考试不及格这一信息，而且含蓄地传达了自己通过了其他科目考试这一信息。由此可以看出，玛丽实际所传达的信息要多于所说话语字面传递的信息。在以上两种情况下，听话人都不能只靠解码说话人的话语，而必须结合语境，运用推理，才可以正确解读说话人的意图。

最后，对于语用学的界定还可以采纳学科性质的角度。在这方面，来自英美国家的语用学家与来自欧洲大陆的语用学家存在很大差异，形成了所谓的"英美学派"和"大陆学派"。前者认为语用学是语言学中与音系学、句法学、语义学等并列的一个分支学科；后者尽管认同语用学是语言学的一个分支学科，但不认同这一学科与音系学、句法学、语义学等处于同一层面，而认为它是一种可以参照这些分支学科的功能性视角，也称为"纵观"。在他们看来，语用学研究的语言使用是一种社会行为。鉴于语言与人类生活息息相关，研究语言使用的语用学可以将语言学和其他人文科学和社会科学联结起来。

综上所述，语用学作为语言学研究领域中的新兴学科，其典型特征之一就是将语境和语言使用者在言语交际中的作用纳入语言分析之中；典型特征之二是认为交际不仅涉及编码和解码，在有些情况下会更多地依赖于受原则支配的推理。这在很高程度上解释了为什么说话人的意思有时候被错误地解读，并因此引起误解。语用学界定方式的多样性，体现了研究者对语言使用不同层面的关注，反映了不同语用学家的不同研究取向。

二、互动语用学

语言本身就是动态的，语言的使用也不是静态的。因此，在动态中研究语言，是大势所趋。近年来，语用研究体现出领域交叉、关注对话性以及元话语等特点。鉴于目前对于互动语用学的研究还属于新兴领域，并没有一个明确的概念，所以笔者将基于语法和语用，从语言使用的互动性来阐释互动语用。

（一）意义和使用的关系问题

语法和语用的关系首先涉及语言哲学中关于意义和使用两者关系的理论问题。日常语言哲学家维特根斯坦针对当时盛行的逻辑实证主义普遍持有的观点，即语言的根本功能是对世界的认识对象做出真假描述的功能，批判性地提出了一个鲜明的口号：意义就是使用。这一观点为日常语言哲学的兴起树起了一面旗帜，成为西方语言哲学研究中语用转向的理论基础。但语法和语用的关系在早期的语用学研究中尚未给以足够的重视。

根据维特根斯坦的观点，"意义等于使用"，换言之，语言的使用决定了语言的意义。我们有大量的语言事实证明这一观点有其合理性，例如：

①A：今天星期几？

B：今天星期日。

A需要B提供关于时间的具体信息，A的询问决定了B根据需要提供了真值的命题内容。同样是询问，但听话人可根据对世界的认知做出真假的判断：

②A：今天星期六吗？B：今天星期日。

②中B未直接提供所需信息，而是否定了A的命题内容：今天不是星期六。

再如：

③A：我去办公室。

B：今天星期日。

例句③中A和B两句的命题内容似乎毫不相干，但在一定场合可推断出，B不是针对A的命题内容做出的反应，而是通过提供看似不相关联的话语建议A不要去办公室，应当在家休息。可见，使用的语境变化决定了相同的命题可表达不同的意义。

从上述分析看，意义等于使用的命题似乎是成立的，至少在某些场合是成立的。然而，语言使用的意义是复杂的，大量的语言事实说明，意义不能等同于使用。例如：

④A：遇到的问题解决了吗？

B：某些问题解决了。

⑤A：工作进展得怎样？

B：某些问题解决了。

⑥A：你们应争取时间。

B：某些问题解决了。

上面④⑤⑥三个例子中B虽然表明，相同命题的语句"某些问题解决了"在不同的语境下表达不同的意义，但"不是所有问题都解决了"这一含义始终是存在的，这种含义即格赖斯语用学研究中所称的"默认意义"，是一种突显的、无标记的和假定的默认意义。研究表明，交际中大量的语义扩充都属于这种默认意义：

⑦约翰吃完了早饭。

+＞约翰说话时吃完了早饭。

⑧约翰的弟弟是大学教授。

+＞约翰有个弟弟是大学教授。

⑨约翰准备好了。

+＞约翰准备好了做某事。

⑩约翰可能回来。

+＞约翰不确定回不回来。

像⑦~⑩的例子举不胜举，所产生的默认意义不是靠语境推导的，而是与句中的语用成分即指示成分或索引成分有关，也与词汇和句法结构有关。⑦中含有时态指示成分，⑧中含有所属关系指示成分，⑨是特殊句法结构，⑩中含有特殊词汇。因此，这些扩充后的默认意义不是使用的语境所决定的。上面分析表明，意义既与使用的语境相关联，也与作为规约系统的语法相关联，因此意义不等同于使用，必须重新认识语义、语法和语用的关系。

交际的目的是表达意义或传递意图，发生在一定的使用语境。语言使用的语境决定意义的表达，意义的表达决定语法手段的选择。语法的作用在于为一定语境下使用语言表达意义提供资源手段，或者说语法是创造意义的资源。

（二）规约性和意向性的关系问题

在探讨语法和语用关系时，还涉及语言的规约性和心智的意向性的关系问题。西方语言学传统告诉我们，早在古希腊的柏拉图和亚里士多德时代，最常争论的有关语言的普遍问题之一，就是关于语言的本质属性。我们把一个东西叫"桌子"，是因为这个东西本来就是"桌子"呢，还是大家都这么说！或者说"桌子"这个名称和这个东西之间有没有什么必然的联系呢！对于语言性质的争论，直接导致了两个不同学派的产生，这就是自然论和规约论。柏拉图属于自然论学派，亚里士多德属于规约论学派。亚里士多德认为：对于所有居住在地球上的人来说世界是相同的，对全人类来说，他们对世界的"心灵表征"也是相同的，但语言对于所有人来说却是不同的，因为它是约定俗成的，不同的社会群体有不同的规约。

当代语言学创始人索绪尔同样承认语言的规约性，认为语言是规约的任意符号系统，是集体心智的产物。但索绪尔强调语言规约和社会规约不同，前者是以任意性为基础的，而其他社会规约却几乎是以自然属性为基础的。维特根斯坦同索绪尔样都是规约论的继承者。他指出："如果语言要成为交际的工具，那就必须要有达成的契约"，语言"是建立在规约基础之上的"，而且"语法规则是以语法规约为基础的"。

无论哲学家还是语言学家怎样解释语言的规约性，但讨论的前提是普遍承认语言规约性的存在。不过前人的研究，或受历史的局限、或受研究方法的影响，都不能够提供一个令人满意的解释。如果我们从语言使用的视角出发，那么就会发现语言的规约性不仅是语法问题，也是语用的问题。也就是说，存在一个语法规约层面，也存在一个语用规约层面，我们必须从语言内部和语言外部两个视角阐释规约性问题。语法规约是指制约语言系统内部组织结构的规则，因此语用规约则指制约语言外部的言语行为规范，这两种规约都是语言的使用经过历史演进不断规约化的结果。例如，汉语中的正式答谢邀请，我们按照语法规约把请求行为的意图编码成某种话语结构，但同时受语用规约的制约，邀请人和被邀请人往往要经过邀请—拒绝—邀请—再拒绝—再邀请这样的行为方式（表现为几个话轮）才能成功地得到对方接受邀请的承诺。刘易斯把语用规约称作"行为和信念的规范"。语言规约的双重性为我们解释语法和语用的关系提供了理论基础。

意向性概念最早是由弗朗兹·布伦塔诺十九世纪末提出来的，后经他的学生胡塞尔在现象学哲学中加以发展。意向性是心智或意识的根本属性，它揭示了个体的心理状态和经验的特征，所以从非技术的意义性上来讲，意向性是"有意识的"或"意识到的"意思。举例来说，我看见一匹马，我就有了关于这匹马的感知；我想到 3+2=5，我就是在思考关于某些数字及其它们之间的关系；我希望人类永远和平，我的希望就是关于世界未来的某种状态等。这样，每一种类似的心理状态或经验就是对除自身之外的事物、事件或状态的表征。因而赋予了某人或某物以意义。心智或意识的这种表征的特征指的就是意向性。

根据塞尔的解释，意向性具有指向性和表征的特征也就是说，通过意向性我们的心理状态和事件可以被指向或关于世界的对象或事态。如果我有某种意向，那一定是做某事的意向。通过表征，由此我们可确立起意向状态和某种意义上被指向的对象或事态间的关系，并通过这种关系进一步解释意向状态和言语行为之间的关系。因此，塞尔认为："意向状态表征对象和事态，言语行为以相同的'表征'意义表征对象和事态（尽管言语行为具有派生的意向性形式，并因此和意向状态表征的方式不同，意向状态具有意向性的内在形式）"。

意向性理论告诉我们，我们的心理状态或经验本质上就是有意向的，因此心理状态和经验的这种表征或意向特征从"内部"赋予语言以意义。这就是说，意义派生于心智或意识的意向性，意向性在言语行为中又赋予语言表达以意义。由于意向性指表征世界的对象或事态的心理状态或经验，意向性理论倾向于否定意识仅是外部世界的对象在头脑中被动的反映。它假设语言不是直接表征对象，所以意义不是语言所代表的事物。在这方面，它区别于语言学史上命名论的语言观；它同时假设意义不仅是对世界对象的心理表征，而且直接源于心智的意向性。它揭示了语言表征思想—思想表征世界的认识论，突出了心智在认知世界中的作用，从而抛弃了语言直接反映现实的传统认识论。这为解释交际中说话人意图的表达提供了理论依据，虽然意向性理论尚不能解释意义的推论过程。

从规约性和意向性的概念出发，我们发现了意义表达的两种制衡的力量。一种是规约的力量，以社会强制的方式制约着语言的使用，这种规约称为集体意向的限制；另一种是自由的力量，以个人的自由意志表达思想或传递意义，称为个体意向的限制。正是这两种力量的相互作用使人类在交际中以某种规约的方式自由地建构意义成为可能。举个例子：在我们的日常交际中，说话人似乎想怎么说就怎么说，这是源于心智意向性的自由力量，可人们又不能想说什么就说什么，这是规约性的限制力量。这两种力量的限制表现为，一方面任何一种交际意图或交际目的的实现必须按照某一语言的规约系统对信息进行编码，同时编码的过程必须符合常规的表达方式或习惯，另一方面交际目的的实现会在可接受的范围内打破常规，达到最佳的交际效果。

总结前面两部分的讨论，我们涉及了三个问题：一是意义不等于使用，因为默认意义是以规约为基础引发的；二是规约性具有双重性特征，即语法规约和语用规约；三是规约性和意向性是相互作用的两种力量，这种关系为解释语法和语用的关系提供了一个新的视角。

（三）语法和语用的相互作用

前面我们通过分析证明了意义不等于使用。证明意义不等于使用有两方面意义：一是意义不完全是由语境决定的；二是语言的形式与结构具有本体的意义。如果我们完全否定句子可表达确定的命题意义，那么为什么同一语言社团的使用者在理解话语时会趋同呢？如果说其原因是存在一种共同的用法，即存在一套共同遵守的语言规约，这就从根本上动摇了后格赖斯语用学中激进语境论者关于"语言的不确定论"的理论前提，即句子只是一种逻辑形式，其话语意义是不确定的，必须在具体的语境中加以确定。语言的形式和意义既存在对应关系，也存在非对应关系，这是基本的语言事实。以解释语言使用为目的的语用学，无论何种模式都不能忽视语言的形式以及形式和意义的关系。下面将从语言使用的视角，基于上述对语言的规约性和心智的意向性的认识，阐述语法和语用的关系。

1. 实现关系

语法，包括词法和句法。是由语言内部关系组成的抽象系统，这种系统为人类使用语言创造意义提供了资源手段。语用是以交际目的为指向的具体语言情境下的语言使用，实现某一交际目的必须借助于语法的手段，或者说，意义的表达是通过形式实现的。所以，语法是实现语用的手段，语用是语法在使用中的具体实现，也可以说，语法和语用两者是实现关系，是类型和例型的关系，体现为语用对语法多层面的选择。

2. 集体意向的限制与常规性

前面讲过，语法规约制约着语言的内部结构，而语用规约制约着外部言语行为的实现方式,这两种规约体现为集体意向的限制。为什么呢?一种语言的语法是语言在长期演化的过程中不断规约化的结果,规约化的过程也可看作语用适应的过程,即语言的使用不断适应于交际的需要,进而通过语言使用者集体的力量达成契约。正如索绪尔(指出的那样,语言规约是集体心智的产物。比如,英汉两种语言中都有表达"邀请"的语法手段,但对于英语使用者来说,邀请某人做客是威胁对方面子的行为,而在汉语母语使用者看来,这是给自己留面子的行为。虽然邀请行为的实现方式是不同的,但双方都会按照现已形成的集体意向做出选择。

3. 个人意向的限制与非常规性由于交际发生在具体的场合,说话人为了表达特定的意图,实现一定的交际目的,就会打破常规跨越集体意向限制的束缚,使语用选择具有非常规性。

无数的例子说明,受说话人个人意向的限制,语用选择不得不打破常规,按非常规的方式进行表达,进而实现有效交际的目的。因此,非常规性是含义表达的实现方式,为语用认知和语言的创造性提供了理据。同时,语言的规约性和心智的意向性两者相互作用的关系,也解释了语法和语用的互动关系。实际上,有些语用学者非常重视语法和语用的关系研究,近期的认知语言学也从不同的视角解释了语法和语用的关系问题。

以上可见,语法和语用的互动关系。语法和语用的关系是一种实现关系,语法为语用提供必要的资源手段,语用是语法在具体使用中的实现,这种实现关系是语用选择的过程,语用选择既要受到体现规约性的集体意向的限制,也要受到体现主体认知个人意向的限制,规约性和意向性相互作用的关系。

基于语言的使用讨论语法和语用的关系,对于当今语用学研究有重要启示:

第一,以解释语言使用为目的的语用学不能忽视语言的形式或结构与意义的关系研究;第二,含义的表达和理解与语言的结构有着内在的联系,同时为含义的推导提供认知依据;第三,语法和语用的互动关系不同于语义和语用的界面关系,因此不能完全依据语义和语用的界面模式加以解释。第四,语法和语用的关系研究是当今后格赖斯语用学的一个非常重要的、有前景的领域,加强该领域研究乃是今后语用学的一项重要任务。

第二节　语用学研究的维度分析

如果说语用学在萌发阶段常被揶揄为杂物箱或废纸篓。每当某一语言现象不能通过常规的、广为接受的理论加以解释时，都可以在语用学中寻得帮助。如今却有大量"不受学科边界限制的各路语言学家"都在从事着与语用学相关的研究。

语用学已经从一个"江湖郎中"式的语言学分支发展成一个生机勃勃、五彩缤纷的语言学研究领域，并涌现出各种分支学科，展示了语用学研究的强大发展势头和巨大潜力。对语用学的分支学科有不同的划分方法。这里将与语用学有关的研究类型分为四大类：理论语用学、应用语用学、跨学科语用学和界面语用学。

一、理论语用学

理论语用学研究语言使用的基本问题，如语言使用的实质，语言使用与世界的关系，语言使用的意义，语言使用的条件，语言使用（包括表达与理解）的机制，语言使用与语境的关系，语言使用与心理、认知、社会等的关系。因此它可以进一步区分为下列分支：哲学语用学、语言语用学、社会语用学、认知语用学、跨文化语用学、历史语用学等。相关理论包括语用现象本体的理论（如言语行为理论、会话含意理论、指示语理论、预设理论、礼貌理论、会话分析）以及用来解释这些语用现象的理论（如合作原则、后格赖斯会话含意理论、关联理论、礼貌原则、面子理论、语言顺应理论、语言模因论等）。

（一）哲学语用学

哲学语用学关注的是语言使用的实质、语言使用与世界的关系、语言使用的意义以及语言使用的条件等根本问题。语用学中第一个主要理论，即言语行为理论（便是由著名的英国哲学家奥斯汀于二十世纪五十年代后期率先提出，并由他的美国学生、同样是语言哲学家的塞尔于二十世纪六七十年代进一步丰富和发展的。言语行为理论回答了语言使用的实质问题："说话就是做事"。

对于语言使用与世界的关系，很多哲学家认为语言是用来表征世界的。然而，我们使用语言时经常不仅局限于做出关于世界的真实或虚假的陈述。奥斯汀指出，有些语言用法能够立刻改变事件的状态，因此属于施为句。

对于语言使用的意义，语言哲学家保尔·格赖斯提出了自然意义与非自然意义的区分，前者与社会规约、语言使用者的意图没有关系，后者则与之相关。对于非自然意义，我们又可以区分为规约意义和非规约意义。其中，话语的字面意义是规约意义，而说话人传达的不同于话语字面意义的意义则为非规约意义。后者又称为会话含意。语用学中第二个著名的理论就是会话含意理论，由格赖斯在其著名论文"逻辑与会话"中提出。尽管会话含意通常被定义为"一种额外传递的意义"，是"一种超越话语语义的意义"，但确切地说，会话含意指说话人通过产出话语所期望传达的信息。换句话说，会话含意不能简单地理解为话语意义的"附加"层面，而应看作说话人产出话语的真实意图。为了推导会话含意，格赖斯提出了会话合作原则。对于语言使用的意义，语言哲学家还发现，一些语言形式，如：指示语，离开世界就毫无意义可言。不仅如此，指示语还有一个重要特点，那就是以说话人的身份、所在的地点、说话的时间等为参照点，即所谓的说话人中心。指示语包括5大类：人称指示语、时间指示语、方位指示语、社交指示语和语篇指示语。

对于语言使用的条件，语言哲学家提出了前提或预设理论。从语用学上看，关涉话语是否适切或得体而非只是真假的语用预设是我们产出某一适切话语的基础或者说先决条件。

（二）语言语用学

言语行为理论、会话含意理论与会话合作原则、指示语理论、预设理论等一开始被提出时都带有明确的语言哲学色彩，但随着语言学家的参与，这些理论越来越带有语言学属性，逐步成为语言语用学的理论。语言语用学包括语用语言学和社交语用学。语用语言学研究语言本身的语用问题，考察语言（包括语汇、结构等）的语用属性及其与语境的关系，探讨相同或相似的语言结构在不同语境下所执行的不同语用功能，描述实施特定言语行为或执行特定语用功能所能运用的语言资源。例如，我们可以描写话语标记语"较好"的语用功能（如表示迟疑、委婉的拒绝、填充话语空白、接续话轮等）；考察英语中实施建议行为都有哪些表达方式；探讨英语附加疑问句的语用属性（包括使用场合、语用功能、使用频率、使用者属性等）；比较"很抱歉"与"打扰一下"的语用差异（如语用条件、语用功能、使用频率等）；探索特定话语中一些词汇的理解（例如，说"杰克身无分文"是不是等于说杰克真的一分钱也没有呢？"全城的人都来迎接冠军"中的"所有"是否可以按字面意义理解？）以及句式的理解（如"你能告诉我我们什么时候到市中心车站吗？"这一类句子的歧义如何排除？）。

社交语用学又称为人际语用学，涉及语言使用的社会维度，探讨诸如权势关系、情感距离、交际场合的正式程度、职业、年龄、性别、种族、信仰等各种社会因素如何影响语言交际方式，考察语言使用如何实施（人际）关系工作。社交语用学中的一个重要话题是礼貌问题，由此产生了礼貌原则以及面子理论。

（三）社会语用学

与社交语用学主要关注人际交往中的语言技巧和策略不同，社会语用学研究语言在社会公共环境当中的使用情况，探究政治、外交、经济、文化、教育、商业等因素对语言使用的制约和影响。例如：对不同行业使用语言（如医学语言、法律语言、经济语言、政治语言、广告语言等）的情况进行研究，就属于社会语用学的范畴。特别值得一提的是批评语用学研究。该领域关注各种社会语用问题，如：话语歧视、语言欺诈、语言粗俗、语言暴力等。当然，"社会语用学家的任务绝不是指责，而是引导，使社会的用语朝健康的方向发展。开展社会语用学的研究对语言规范建设，促进社会的政治、经济、文化的发展都有不可低估的作用"。此外，从语用学视角审视国家的语言规划和语言政策等，也可以看作社会语用学的一个研究内容。

二、应用语用学

应用语用学关注语用学理论在与语言活动相关的领域中的应用。从文献来看，应用语用学主要涉及语用学在下列领域中的应用：

（1）语用学在教学中的应用，形成了教学语用学这一应用语用学分支。主要话题包括语用知识是否可教、如何发展学生的语用能力、如何开展语用教学、如何进行语用测试等。

（2）语用学在二语习得中的应用，形成了语际语用学或中介语语用学或习得语用学。主要话题涉及语用迁移、语用失误、语用能力发展路径等。

（3）语用学在母语习得中的应用，形成了发展语用学，考察儿童如何逐步获得母语的语用规则和原则、如何礼貌行事、如何发展语境意识等。

（4）语用学在翻译中的应用，形成了语用翻译论，主要包括两个维度的研究：一是从语用学角度重新审视翻译的本质、过程、标准以及策略等，二是在翻译过程中对源语篇中各种语用意义的处理。

（5）语用学在商务交际中的应用，主要考察在各类商务交际中如何依据语用学相关理论（特别是礼貌理论）进行得体、有策略的沟通，实施特定的言语行为（如申诉、询价、拒绝等）从而最佳地实现商务交际目的。

三、跨学科语用学

跨学科语用学指的是发生在语用学与一些相关学科之间的交叉学科，如法律语用学是语用学与法学之间的交叉学科，文学语用学是语用学与文学之间的交叉学科，临床语用学是语用学与临床医学之间的交叉学科。语用学本身其实就是一个研究分支，是一个能与其他相邻学科能互相提供深刻见解的学科。

与应用语用学强调语用学理论在特定领域中的应用（换言之，语用学是理论输出学科，特定领域是理论输入对象）不同，跨学科语用学关注语用学与相关学科或领域中的交叉问题，在解决相关问题时同时采用语用学和自身学科理论。例如，在法律语用学中，研究者需要考虑法律语篇或交际话语中特定语用问题可能带来的法律后果，同时研究者需要开展语用学分析和法学分析方可对该问题给予充分的回答。又如，文学语用学研究文学作品意义的产生过程，认为文学作品是作者与读者共同创作的结果，读者填补文学文本意义的不足。这就可以解释为什么对同一文学文本会有不同的解读方式，所谓"有一千个读者就有一千个哈姆雷特"，当然这样的说法略有夸张色彩，但也确实在一定程度上诠释了文学文本的交际特点。

四、界面语用学

界面语用学在文献中一般专指语用学与语言学其他分支学科之间的研究，如语用学与句法学的界面研究（产生了语用句法学）、语用学与语义学的界面研究、语用学与语音学的界面研究（产生了语音语用学）、语用学与词汇学的界面研究（产生了词汇语用学）、语用学与形态学的界面研究。

界面语用学研究与欧洲大陆语用学派所持的语言的各个层面都有语用因素沉淀的观点其实是一致的，这类研究是语用学作为语言学研究最为典型的方面，具有良好的研究前景。

就语用学对于认识语言的重要性来说，有学者说过："除非我们了解语用学，否则就不能真正地理解语言的本质，即语言是如何在交际中使用的。"与句法学、语义学等不同，语用学从语言使用者的角度研究语言，特别是研究语言使用者所做的语言选择、语言使用者使用语言进行社会交往时所受的限制以及所使用的语言在交际行为中对其他参与者的影响。这将有助于解释句法学、语义学等不能回答的问题，将我们对语言的认识提升到一个新的层次。

此外，语用学对相邻学科也富有启示。也正是因为如此，有学者指出："语用学是当代语言学中发展迅猛的一个领域，近年来不仅成为语言学和语言哲学中引发强烈研究兴趣的中心，而且吸引了来自人类学家、人工智能工作者、认知科学家、心理学家和符号学家的大量注意力。"在各方研究人员的共同参与下，语用学的应用价值和跨学科研究价值正不断显现。特别是对于外语教学而言，语用学更将证明其本身是一个重要的理论输出来源，对更新外语教学理念、丰富外语教学内容、完善外语教学方法等都将带来深远影响。

第三节　语用学研究意义与价值

语用学能够对语言提出一系列至关紧要的问题。由于对语言实践的研究提出可能的理论基础，语用学有助于增进我们对人类相互作用的了解。这样一来，语用学跟任何关涉人类自身（社会、心理、宗教信仰、世界观、上层建筑、经济、伦理、传媒、语言能力、语用能力、语言教学、失语症诊治、人机对话、机器翻译等）所能产生的界面研究自然也就很多。纵观目前的语用学研究，它是语言意义"从静态研究到动态研究，从单句向整体扩展"以及"礼貌研究及跨文化语用研究"。今天看来亦是如此，只是多了认知研究（从而产生了认知语用学）和更全面的跨学科语用研究。可见，语用学既能"从里而外"地走出自身的范围，又能"从外而里"地博采众长以便更好地自省元语用学问题。

《语用学杂志》创刊号的社论曾赋予语用学至高无上的地位，宣称："语用学能够对语言提出一系列至关重要的问题""在我们限定的意义上，搞语用学就是搞语言学，反之亦然""全部语言学都是语用的""语用语言学就其本性来说，它的出发点就是研究制约人类社会行为的基本规律"。公正地说，这种评论有言过其实之嫌。

语用学为语言研究开辟了一片广阔的新天地，它从交际功能的角度研究语言，促进了语言研究的新发展。研究者们认识到，只研究语言系统、结构是不够的，还必须研究语言运用。语用学研究为言语交际中话语意义的恰当表达和准确理解提出了理论、方法和一套应该遵从的原则和准则，有利于提高人们的语言运用能力和语言修养，对精神文明建设起着重要作用。此外，语用学研究可以缩小社会语言学、心理语言学等学科之间的距离，并对修辞学和文学研究大有助益，还特别是对外语教学、不同语言之间的语用对比研究、人工智能研究等有明显的实际使用价值。

第二章 人际关系与沟通

第一节 人际关系

一、人际关系的定义

（一）人际关系的概念

人与人之间的关系是一个较为复杂的社会现象，不同的学科对人际关系的理解是不相同的。社会学认为，人际关系指在社会关系总体中人们的直接交往关系；社会心理学认为，人际关系指人与人之间心理上的关系，表示的是心理距离的远近；行为科学认为，人际关系是指人与人之间的行为关系，体现的是人们社会交往和联系的状况。本书中的人际关系是指人们在社会生活中，通过相互认知、情感互动、交往行为所形成和发展起来的人与人之间的相互关系。在此意义上理解，人际关系的前提是相互认知，沟通的手段是交往行为，特征是情感互动，本质则是人与人之间的心理关系和距离，核心是和谐友爱。从这个简短的定义中，我们可以引申出如下几点：

第一：人际关系的成分不是单一性的，它通常由认知成分、情感成分以及交往行为成分三个相互联系的成分所构成。认知成分主要涉及认知活动有关的心理过程，比如交际双方的相互感知和理解。情感成分指人们彼此之间在思想感情上的距离，这种情感上的距离取决于交往双方需要满足的程度，它涉及交往中各方的情感状态的交互关系，以及对自我、对方以及双方心理情感状态的评价态度。交往行为成分是能表现一个人个性的所有外显行为的总和。可以说，交往行为是人际关系的一种动态表现，而人际关系则是人际交往的静态形式。

第二：人际关系作为个体与个体之间的心理联系，是社会关系的具体体现。社会关系是一个相当广泛的范畴，它通常被区分为如下三个层次：生产关系、角色关系和人际关系。人际关系作为社会关系的具体体现，不同于生产关系和角色关系。首先，人际关系具有高度个性化的特点，人际关系中的交往是个体之间的交往；而生产关系和角色关系则分别由双方在社会生产中的地位或社会生活中的地位和身份所决定。

第三：人际关系作为人与人之间心理上的关系，体现了个体之间的情感交流，反映了人们彼此寻求满足需要的心理状态。人际关系最重要的特征是具有情感基础，组织中的人际关系根源于结合性的情感和分离性的情感。因此，心理距离的接近与疏远，情绪状态的积极与消极，交互作用的冲突与融洽，评价态度的满意与不满意等，是人际关系学的重要范畴。

第四：良好的人际关系通常表现为交际双方的相互认同、情感相容以及行为近似。相互认同是通过知觉、表象、思维等认识活动而实现的，它是形成良好人际关系的最基本的、首要的心理成分。情感相容是以相互喜爱、同情、亲切、友好的形式表现出来的，结合性情感越多，彼此之间越相容。行为相近是指彼此在言谈举止、风度仪表等行为模式方面的类同性。它也是构成良好人际关系不可或缺的重要方面。

（二）人际关系的因素

任何人际关系都离不开认知、情感和行为三个因素。具备了这三个要素的任何一种心理倾向就是态度。从人际沟通角度看，这也是交际态度的三大要素。交际态度对于人际关系有着极其重要的意义。

1. 认知是人际关系的前提条件

人际关系是在人与人的交往过程中，通过彼此相互感知、识别、理解而建立的关系。人际关系总是从对人的认知开始的，彼此根本不认识、毫无所知，就不可能建立人际关系。人际关系的调节也是与认知过程分不开的。

2. 情感是人际关系的主要调节因素

人际关系在心理上总是以彼此满意或不满意、喜爱或厌恶等情感状态为特征的。假如没有情感因素的参与调解，其关系是不可想象的。情感因素是指与人的需要相联系的体验，对满足需要的事物产生积极的情绪体验，而对阻碍满足需要的事物则产生消极的情绪体验。人际关系中的情感因素主要体现为在沟通交往过程中是否有爱，只有友善的、正面的情感才能使人产生积极的情绪体验，从而建立和谐的人际关系。

3. 行为是人际关系的沟通手段

在人际关系中,无论是认知因素还是情感因素,都要通过行为表现出来。行为是指言语、举止、作风、表情、手势等一切表现个性的外部动作,它是建立和发展人际关系的沟通手段。一般来说,由于人际关系的不同,对人的认识和理解、情绪体验以及各种外显行为等都可能会有所不同,而这种不同又会影响彼此之间的关系。

富兰克林曾说:"留心你的思想,思想可以变成言语;留心你的言语,言语可以变成行动;留心你的行动,行动可以变成习惯;留心你的习惯,习惯可以变成性格;留心你的性格,因为性格可以决定命运。"因此,人际关系的三种因素是不可获取的,不是割裂开来而孤立存在的。认知的水平高低与正确与否决定情感的健康与否,并确定行为的导向。

(三)人际关系的类型

人际关系自古有之,类型多样,许多口语、成语、典故、诗词都体现出人际关系的含义,如"老乡见老乡,两眼泪汪汪",就是体现了老乡之间的深情厚谊;"三顾茅庐"就是体现出领导求才心切的心理;"孟母三迁"就体现了邻里关系的重要性;"召父杜母"表达了古代老百姓对管理者的期望;"高山流水"表达了知心朋友之间的默契与可贵;白居易的一句"同心一人去,坐觉长安空!"表达了友人之间的情谊;陶渊明的《桃花源记》更是由于描写了一种理想的人际关系而得以千古传诵,上述种种情景也显示出人际关系有不同的类型。区分人际关系的类型有着重要的现实意义,因为一种人际关系总是代表一种期望的人际心理。如母子关系,就意味着母亲对子女有着伟大的母爱,而子女对母亲则有着永远的孝心;师生关系就意味着教师对学生尽心给予关心培养,而学生对教师则报之以尊重等。人际交往关系错综复杂,导致人际关系的类型可以有不同的划分。根据交往的主体情况划分为个体人际关系与群体人际关系,如两个好朋友之间为个体人际关系,班级同学之间、校友之间则是群体人际关系。根据交往的密切程度可以分为家人关系、熟人关系与陌生人关系。最周全的人际关系类型是根据人际关系联结的纽带来划分的，分为血缘人际关系、地缘人际关系、趣缘人际关系、业缘人际关系与网缘人际关系。其中血缘关系是指因血缘联系和婚姻联系而形成的人际关系，如亲子关系、夫妻关系；地缘关系是指以地理位置为联结纽带，由于在一定的地理范围内共同生活、活动交往而产生的人际关系，如老乡关系、校友关系等；趣缘关系指人们在社会生活中因情趣相投交往而建立的人际关系，如"驴友"关系、"车友"关系等；业缘关系指以职业、行业、专业或事业为纽带而结成的人际关系，如同事关系、事业合作伙伴、师生关系等。

二、人际关系的本质

（一）人际关系的本质

随着我国城市化进程的加速，人们都担心人际关系会被削弱。因为科技的发展、电视的普及高速信息公路的建立、服务行为的日益发展，使得人们常常感到高楼大厦中的住房越来越像一个个鸟笼，邻居的概念越来越淡化，相互交往也越来越少。但是，这仅仅是一种不完整的社会现象。作为一个人，有很多需要，而人际交往需要总是处于一个十分重要的位置，并且随着物质生活的日益丰富与满足，人际交往的需要必定成为越来越重要的社会课题和人生课题。

社会心理学家的观点是，人们越来越成为"被人引导的一代"。事实上，确实是这样，这种现象体现为两方面：

一方面，个体的感觉被他人所引导。例如，一个人过得很舒适，但他在没有他人肯定的情况下，就感觉不到；一个人很劳累，但，由于他人的赞扬，却感到很舒适；一个人写了一篇文章，只有得到教师或读者的评价时，才体会到自己写了一篇文章；一个书法家或画家的作品，更是要得到社会的认可，才能真正确认其存在的艺术价值。因此，人际关系变得越来越重要，几乎达到主宰一个人心理状态与社会角色的地步。例如，某女士去年花了数千元钱买了很令自己欢心的衣服，为什么今年却不愿穿这件仍然崭新如故的衣服呢？一个二十年前非常廉价的香烟品牌，几乎被人遗忘，为什么一夜之间却成了烟民手中的"贵族"香烟？某画家的作品，在生前几乎无人问津，但在他去世后，为什么成了价值连城的珍藏品？其原因都是"被人引导"。

另一个方面，每个人都处于双向依赖的生存方式之中。例如，传统观点认为幼儿依赖于父母而生活，而事实告诉我们，父母也依赖幼儿而生活。与此同理，顾客依赖营业员，营业员也在依赖顾客；学生依赖教师，教师也依赖学生；下级依赖上级，上级也依赖下级；个人依赖社会，社会也依赖个人。总之，整个社会都处于既让他人依赖，又依赖他人的位置上。马克思指出：人的本质是一切社会关系的总和，用这个科学论断考察个体，可以看到，个体的每一个发展与完善都是他人协助的结果。用这个科学论断考察整个人类的本质，我们可以认识到，社会是由人际关系连接起来的，由人际关系的定义可以推知，从某种意义上说，集体是通过个体之间相互心理联系而形成的。

因此，人际关系的本质在于组成社会和集体，促进个体的自我完善。换而言之，正是和谐友爱的人际关系使社会朝着有秩序的方向发展，使人类能共同生活，和睦相处，使人们能够共同挑起促进社会发展的重担。

（二）人际关系的特点

人际关系是人与人之间在社会交往过程中建立的相互关系，其基本特点如下：

1. 社会性

社会性是人际关系的本质属性。在人与人的社会交往过程中形成的人际关系，社会性是其首要特点。脱离社会性的人际关系只会在封闭的环境中慢慢枯萎，即使是亲密的恋人关系或者是以血缘为基础的家人关系也不例外。

2. 直接性

人际关系是人们在面对面的交往过程中形成的，个体可切实感受到它的存在。没有直接的接触和交往不会产生人际关系，人际关系一经建立，一定会被人们直接感受到。

3. 情感性

人际关系的基础是人们彼此间的情感活动。情感因素是人际关系的主要成分，但是人际关系的情感倾向有两类：一类是使彼此接近和相互吸引的情感；另一类是使人们互相排斥、分离的情感。

4.互利性在交往过程中，交往各方均可以得到精神上和物质上的收益和心理需要的满足。在现代社会中，人们之间的联系能够得以维系和加深，在于这种交往能够为双方提供方便和帮助。

三、协调人际关系的作用

人是社会的动物，每个个体均有其独特之思想、背景、态度、个性、行为模式及价值观，而人际关系对每个人的情绪生活、工作有很大的影响，甚至对组织气氛组织沟通、组织运作、组织效率及个人与组织的关系均有极大的价值。每个人的发展都离不开他人的关照、帮助，每个企业的兴旺发达都需要和谐的人际氛围，每个国家的稳定与发展也离不开国际关系的协调有序。正确处理人际关系以适应现代社会生活，是人们面临的一个重大课题。处理和协调人际关系无论是对社会组织还是对个体都有着不可低估的重要意义。

（一）协调人际关系对社会组织的意义

对于社会组织来说，处理和协调人际关系的意义主要表现在以下几个方面：首先，协调人际关系是培养社会组织内部"家庭式氛围"的必备条件。在社会生活中每个人都有经济的、社会的、心理的、精神的不同层次的内在需求，只有当人们种种需求在组织内部得到基本满足，才能使该组织保持稳定和发展。因此协调和处理好人际关系，能够形成和谐、融洽、一致的人事环境，就会使人们感到置身于组织集体之中犹如置身于自己的家庭之中，把组织看成一个扩大的家庭，从而形成良好的"家庭式氛围"。在这方面，日本的一些企业、组织具有独到之处。在日本的企业里，儒家的"和为贵"精神在今天已经扩展成为和睦相处、团结合作的企业观念。企业上下致力于培养和维系和谐亲密的家庭式气氛，反对个人主义和内部相互排挤，把企业营造成彼此不可分离的命运共同体。从它的历史发展进程看，儒家文化构成了日本现代化管理的基础，"和"是人们向往并努力争取达到的共同目标。

传统的儒家学说是以家族为主体进而分析推广到整个社会的，它在调整、协调人际关系，维护社会组织内部的融洽、稳定方面，具有一套完整的理论体系。因此从实践上看，强调人际关系，进而培养"家庭式氛围"是日本企业成功的三大法宝之一，有些经验确实是值得我们借鉴的。例如，日本人在工作中十分注重交流。日本企业的老板常常和员工待在一起，有什么事，亲自到车间找员工谈话。在人际关系上，日本企业的老板总是尽量使每个雇员感到自己的重要性，老板有机会总是与员工一起吃饭，以此联络感情。其次，处理和协调好人际关系是增强群体凝聚力和向心力的重要因素。凝聚力和向心力是将组织内部各个成员吸引在群体里面的合力。一个组织的凝聚力和向心力通常是评价组织形象的重要指标。影响组织凝聚力的因素有：①员工间人际关系的和谐程度；②领导对员工重视以及尊重的程度；③个人价值实现的机会；④工作环境；⑤职工福利和待遇；⑥组织的前景和现状等。显然，在一个群体里，和谐、融洽的人际关系能使每个人的健康和心理得到不同程度的满足，个人心情舒畅，群体宽松和谐，从而使组织的凝聚力和向心力递增。反之，倘若一个群体中人际关系紧张、人与人之间关系冷漠、人与人之间关系背离，甚至明争暗斗、搞"窝里斗"，势必使个人感到苦闷、压抑、紧张，群体因之也就有可能走向解体。

如1948年，两个心理学家对第二次世界大战的军队行为做过系统的研究。他们认为德军崩溃有许多原因，而其中重要的一点就是各个连队或更小的单位里充满相互不信任和敌对情绪，各自独立，互不尊重、支持和合作，最终成为导致德军分崩离析的重要因素。最后，处理和协调好人际关系也是提高工作效率、完成群体目标、实现人的价值的内在要求。人的本质在其现实性上是一切社会关系的总和。人不是单纯的自然物，人的本质是人的社会性；社会关系是多方面的总和，生产关系是一切社会关系的基础，人的工作是一种社会劳动，它的效率、效果既与许多人的分工协作有关，也和这些人的工作情绪有关，而这两点都和人际关系的好坏相关。从另一个角度讲，人的价值的实现也与人际关系紧密相关。

人的价值对整个人类而言，是人类对世界的改造及其成果所能满足人类自身需要的程度和状况；对个人而言，一是社会对个人的尊重和满足，二是个人对集体、对社会的责任和贡献，而主要是从个人对社会进步的贡献来评价个人的价值。如果人际关系好，大家互相配合、群策群力，心往一处想劲往一处使，必然有利于提高效率，促进工作目标的完成，从而也就为人的价值的实现创造了条件；反之，假如人际关系不好，人与人之间猜疑、妒忌、冲突，把大量的精力和劳力浪费在错综复杂的人际内耗中，也势必影响工作效率的提高和群体目标的实现。

而一旦离开效率、效益和效果，一个人对社会的责任和贡献也就无从谈起了。正因为如此，中国古代哲人孟子强调："天时不如地利，地利不如人和。"

（二）协调人际关系对个人的意义

协调人际关系对个人的意义主要表现在如下几个方面：

首先，对于个人来说，处理和协调人际关系是一种基本需要。美国心理学家亚伯拉罕·马斯洛在《人类激励理论》中提出，"人类需求像阶梯一样从低到高按层次分为五种，分别是生理需求、安全需求、社交需求尊重需求和自我实现需求。"而这些需求都需要人际关系的协调才能很好地满足，个体的人只有和他人结成一定的关系，才能与自然界相抗衡，才能成功地实现人和自然界之间的物质和能量变换，才能有效地从自然界获得信息并实施对自然界的积极改造，才能生产、交换到自己所必需的生活资料和生产资料，否则就难以满足生理需求和安全需求。至于人的社交需求、尊重需求和自我实现的需求更是需要良好的人际关系作为助力才能得到满足。

人还有手段性交流和满足性交流的需要。手段性交流的根本着眼点是寻求某种功利目的。为某种目的走到一起的"会谈性交流"和以说服对方为宗旨的"控制性交流"是手段性交流的两种基本形式。满足性交流的着眼点不在于交流之外的功利性目的，而在于交流行为本身，以及经由这种交流而达到的一种自我满足。

无论是哪一种交流，都涉及人在社交方面的需要、情感心理方面的需要，这种需要是人类特有的较高层次的需要。任何个人都希望处在一种和谐、融洽、协调的人际关系中，彼此信任、尊重、理解、支持、合作。如果失去人际关系或关系处理不当，个人在社交、情感心理等方面的需要就得不到满足。

其次，建立良好的人际关系是获取机会、增加实力的重要因素。对于现代社会的创业者来说，创设条件、把握机会是走向成功的必经之路。马太效应显示，机会导致成功，成功则带来更多的机会；反之亦然，没有机会难以成功，不成功更没有机会。古今中外，此类案例实在是不胜枚举。那么怎样才能够争取更多的机会呢？这里依然涉及诸多的因素，比如，一个年轻干部能否进一步提拔，除了"德、能、勤、绩"四要素之外，良好的人际关系同样至关重要。

美国成人教育专家戴尔·卡耐基说："现代人的成功15%靠专业本事，85%靠人际关系。我们姑且不论这表述的准确性如何，但人际关系的重要性确实是显而易见的。如果一个人拥有良好的人际关系，就会赢得各方面的支持，他人就可以为其提供各种各样的机会，让这个人工作中的阻力减到最小，从而工作起来更加顺利，效率更高。"

建立良好的人际关系也有助于增强一个人的实力。现代社会高度的社会分工和多维合作，迫切需要人们学会沟通、协调、合作、"借鸡生蛋""找米下锅"，通过友好合作的途径，充分利用"外脑"以丰富、充实自己的"脑袋"，不断使用"外力"来增加自身的实力是很多人成功的法宝。当今社会如果没有良好的人际关系，就难以创造出更多的社会财富，也无法在激烈的竞争中立于不败之地。

在社会主义市场经济条件下，我们崇尚平等规范下的实力竞争，良好的人际关系可以增加个人实力，使其拥有更强的竞争优势，因此，关系成为当今社会中非常有利的资源。对于这里提到的"关系"一词，我们有必要对其作一个理性的辨析和确认。

我们反对"拉关系、走后门"之类的"关系庸俗论"，以及不讲原则和规范、关系之上的"关系万能论"这三种错误观念。区别关系正当与否是有标准的，这个标准就是法律、纪律和道德。凡是不符合法律纪律和道德的关系都是不正当的关系，都是应当被唾弃的。良好的人际关系是合法、合理、合情的健康、文明的关系，是人们所追求的和谐融洽的社会环境的有机组成部分。

最后，处理和协调人际关系，有助于提高人在认知、规范和评价方面的能力，从而也就有助于人的个性成长和发展。一个人的认知能力、规范能力和评价能力是在各种人际关系中逐步形成和提高的。通常，人际活动的有效性可以从信息层次、感情层次、态度层次和行为层次进行考察。这里，无论是从认识和规范的角度看，还是从评价的角度看，只有处在特定的人际关系中，才能对问题有清楚、全面的认识，在一个人与他人的相互关系中来认识自我和他人，并对人际活动的有效性进行总体的分析考察，是提高人的认知、规范和评价能力的前提。

人际关系的协调对于人的个性发展和重要影响更是不言而喻。正如马克思所说："只有在集体中，个人才能获得全面发展其才能的手段，也就是说，只有在集体中才能有个人自由。"一个人只有和他人建立良好的人际关系，才能充分地展示自己的才能，并发展自己良好的个性，为实现自我的价值和目标、求得自身的全面发展创设必要的条件。

第二节　沟通基础

人们在社会交往活动中，彼此需要传递思想、提供信息、说明需要、表达情感、传授知识和传播观点，需要倡导一定的思想、规范来帮助和鼓励对方做出某种决定，接受或转变某种行为，促使对方完成其所充当的社会角色和所承担的社会责任等，也就是说需要人与人之间的沟通。沟通是一种社会行为，也是人与人之间复杂的联系过程，是人与人之间通过相互交往、相互作用和相互影响而建立人际关系的社会活动。有了这种沟通，人际关系才得以形成和发展。

一、人际沟通的概念

沟通可以是通信工具的信息交流，也可以是人与机器的信息交流，还可以是人与人之间的信息交流。所谓人际沟通是指最后一种，即人与人之间的信息交流和传递。人与人之间的信息交流和传递是在社会生活中人与人之间的联系过程。在这过程中，沟通双方不仅是单纯的信息交流，彼此间还传递着观念、思想、情感、态度和意见等，从而建立起一定的人际关系。

我们把人的观念思想、情感态度等看作信息，把人与人之间的沟通看作信息交流的过程。一般而言，要实现人际沟通，必须具备以下三个条件：

（一）沟通双方或多方对交流信息理解的一致性

当彼此的共同点或相似点越多，他们对信息的理解就越有可能趋于一致；否则，信息的失真度就会增加。

（二）沟通的信息要适当，通道要畅通

想要保证沟通的效果，就应根据信息的性质选择最适当的信息通道。只有信息通道和信息构成恰当的搭配，才能取得相得益彰的效果。同时，沟通过程不能受主客观因素的干扰，否则同样难以保证信息的真实可靠。

（三）沟通双方或多方要有一定的沟通能力与技巧

人与人之间的沟通，除工作之需外，还有愉悦心智、获取精神安慰等心理功能。根据不同需要采取不同的沟通方式，可达到不同的沟通效果。在现实生活中，许多误会和冲突通常源于缺乏人际沟通。良好的人际沟通能促进人们之间的相互了解，协调人们的社会生活，使我们在社会中有效发挥作用。

二、人际沟通的特征

（一）双向沟通

沟通双方相互依赖。如演讲者离不开听众，听众又离不开演讲者。沟通者既不是完全的单方依赖，也不是完全的独立，而是沟通双方参与相互间的沟通行为所构成的一个人有机的整体，是双向的互动过程。即在一个完全的沟通过程中，沟通参与者几乎同时充当着沟通者和接收者的双重角色，犹如乒乓运动。

（二）双重手段

在面对面的沟通中，不但使用语言而且也使用非语言，甚至非语言可能是人际沟通最主要的方式，例如情侣间的眉目传情，政敌间的紧紧握手。因为人际沟通并不限于传递观念、思想和情感的某一方面，而可能同时涉及这三个方面。即人际沟通不仅传递观念和思想，同时还会传递着情感。当你毕业参加工作后，告诉客户方案要延期一周出来时，对方恳求你，希望你尽早完成方案。他表达的内容可能还不止这些：他的语调强调了内容的重要，他的手势、与你的距离、姿势和表情都是他发出的信息的一部分。因此，人际沟通具有双重手段的特点。

（三）互动性

互动性是人际沟通的一个重要特征，沟通双方参与相互间的信息交流，处于不断的相互作用和相互影响中，从而构成一个有机的整体，是双向的互动理解和反馈过程。

（四）情境性

人们总是根据时间、地点、双方关系等不同的情形来选择不同的话题进行适当的沟通；另外，沟通者的性格、情绪文化层次、宗教和信仰等也影响沟通行为，这就构成了人际沟通的情境。因此，在人际沟通时，我们应事先根据不同的情境来确定适当的沟通话题，以保证沟通的顺利进行并达到预期的效果。

第三章 沟通互动语用学的话语构建

第一节 谈话分析与常人方法论

一、常人方法论谈话分析的兴起和发展

(一) 谈话分析的产生背景

1. 谈话分析的哲学基础

哲学自诞生之日起就把语言当作开展哲学讨论和研究的工具进行研究,古希腊哲学家柏拉图、苏格拉底、亚里士多德等同时又是语言学家,"古希腊语法对希腊哲学产生了相当大的、经久不衰的影响",名称和事物关系的讨论曾经一度成为古希腊哲学的中心议题。二十世纪初,西方哲学的所谓"语言转向"标志着西方哲学从认识论和本体论到分析哲学的转向,语言哲学开始成为第一哲学,自然语言的"意""逻辑形式"及应用研究成了哲学研究的主要内容和形式,许多传统哲学问题都由语言哲学家从语言出发做出了解答或消解。因此,哲学问题都被还原为语言问题,语言哲学似乎成为解决哲学问题的最终归宿。通过语言分析,会发现对于词语的误解导致了很多传统哲学问题的产生,因此语言开始成为哲学研究的对象,而哲学研究的演进也直接推进了语言学科的发展,在语言学的发展中始终有着哲学思想的影子。谈话分析的创始人萨克斯本人作为一名社会学家,他的阅读范围之广是一般人所难以想象的。在哲学著作方面,他广泛涉猎了从古希腊到维特根斯坦的大量哲学思想,因此,要深入理解谈话分析,必须首先对其哲学背景进行研究。

1) 建构主义认识论

谈话分析的产生无疑是受到了在其诞生之时得到长足发展的建构主义认识论的重要影响。事实上,建构主义认识论可以看作谈话分析的哲学基础。建构主义认识论作为一种研究方法论孕育于以福柯、康德等学者为代表的诸多思想派别,又为库恩的科学哲学理论、皮亚杰的"发生认识论"以及布鲁纳的"认知结构理论"等思想派别所推动而不断兴盛繁荣。建构主义的主要内涵为谈话分析的理论构建

提供了启示和方法论实践,具体体现在以下几个方面:

首先,对于知识的来源和社会事实的建构问题,建构主义认识论提出了不同于实证主义的基本预设和观点,即一切知识原则上都是建构起来的,包括自然科学知识亦是如此,它的客观性、中立性和真理性在波普尔、库恩、费耶阿本德等人所阐发的"后实证主义"思想里也转而成为始终具有主观性、暂时性和诠释性。与实证主义主客体截然分割、相互对立的二元论观点完全相反,建构主义认识论认为主体和客体是密不可分的内在共同体,主体和经验现实是相互依存、相互依附的一个封闭的共生系统。因此,在建构论的视线里,客观事实之类的事物是不存在的。任何知识、社会现象以及人类自身的诸多问题都是社会实践过程的产物,是由社会文化因素的参与和作用而形成的。以建构主义认识论为基础的谈话分析认为,互动话语不是被动地反映社会现实,而是主动地建构社会现实,谈话分析的核心任务不是研究互动话语如何建构现象,而是互动话语如何反映现象;它不仅局限于对互动话语的描述,而且要致力于解释互动话语建构社会世界的原因和过程。"建构"指的是主体和客体之间,尤其是类主体和客体之间的互动以及生成,具体表现于知识、意义以及主体间的各种关系之中。互动话语所涉及的对象和事件及其所蕴含的意义无一例外地经过特定的历史文化、价值观、表现方式以及审美方式的过滤,从而具有了互动话语与社会的复杂关系。同时,话语与社会之间的互动所产生的必然结果是话语被社会权利所控制和左右,而社会现实和关系也会不断被互动话语所重新建构。

其次,建构认识论者认为人际交往互动是社会建构的基本形式,认识不是一个对外部世界的表征,而是来源于人们相互之间长期交往的社会实践和互动,人与人之间的互动构成了知识形式的来源。"互动"指的是发生于主体间的精神活动,这一活动的基本形式是平等互动谈话及其所承载的社会历史文化背景,因此,语言的互动构成了建构主义认识论的基础。在这里,语言不再被仅仅看作是一种表达方式,而是"思想的先决条件"。因为我们对客观世界的理解并非取决于客观事实,而是来源于过去和现在已存在的诸多概念、名称、框架和范畴,我们的思维方式、意义传递和建构以及范畴的习得都是由语言所提供并伴随语言的使用而进行的,同时语言也被看作是"社会活动的一种媒介",这一点与维特根斯坦的语言游戏论以及言语行为理论不谋而合,都指向了语言即行为方式的论调。谈话分析用具体的语料和分析方法,揭示了语言的这种行事的角色以及互动谈话过程中所建构的话语世界和重塑的社会现实,从而更深入地展示了互动话语的行动及实践特征。

　　再次,建构主义认识论认为建构者的能动行为与一定的历史文化背景相关,而这一背景在建构者的能动行为中得以重构。我们理解社会的方式、我们的认知过程是主体以已有的知识和经验为基础的主动建构过程,它是取决于一定的历史和文化以及我们生活的地点和时间的一种相对行为,这种相对行为是一定历史和文化的产物,"不仅因为他们属于特定文化与特定历史时期中特定的社会与经济制度"。因此,建构者依赖于特定的历史文化在精神互通与语言交流中实现了文化的约定俗成,传递了意义和知识,而在这一交流过程中,语言充当了媒介作用,因此,在这一交往情境中的每一个个体都成了社会历史文化的载体,被深深地烙上了特定历史文化的烙印,基于此,谈话分析充分注意到个体的话语建构活动产生的个体意义中所蕴含的相应的社会文化意义,意即互动话语中的社会性质和社会共同体对于互动话语实践所发挥的重要作用。谈话分析的创始人萨克斯认为谈话人在互动谈话过程中运用"成员分类设置"来定义、描述、辨识和提及谈话人之间的各种关系,个体的谈话人被看作是大范围分类中的个体成员而被定义,在与其他互动谈话参与者的"关系"确认过程中,彼此的背景、所属类别和身份地位等社会结构特征得以确认,这一关系的确立过程正是社会交往过程和社会结构互动的一种具体的表现形式,它通过对谈话人的谈话结构和话语方式产生影响,从而对社会互动方式和社会关系、社会交往过程和结构产生作用。同时,谈话分析认为互动谈话参与者的身份确立和识别不仅与上述"关系"确立过程相关,同时与构成更大社会结构的社会"情境"相关,这一社会"情境"包括"法庭上""教室中""医院里""办公场所"等公共机构。因此,从二十世纪七十年代以来,谈话分析更多地将研究视角深入到对"机构性谈话"的研究，力图揭示相关语境（包括历史文化背景）及社会共同体与谈话参与者的相关性，并论证其决定性影响和作用，同时致力于发现烙印于谈话参与者身上的特定身份标签所预示的特定机构性行为中的情境制约。

从以上分析可以看出，建构论的谈话分析是建构主义认识论的深化和具体化，而建构主义认识论为谈话分析的实证研究提供了坚实的理论基础和更为广泛的解释力。

2）日常语言哲学学派

二十世纪西方哲学史上具有"哥白尼式革命"意义的语言转向不仅使语言问题成为哲学研究的对象，而且从人工语言到自然语言的转向促成了日常语言哲学的产生。日常语言哲学学派基本思想的奠基人是后期的维特根斯坦，而牛津学派将这一思想进一步发展并加以清晰表述，他的代表人物包括赖尔、奥斯汀和塞尔。日常语言哲学的发展对语言研究产生了深远的影响，它所提出的语言行为观使语言研究兴趣从语言内部转移到语言外部，直接促成了语用学、话语分析等研究分支的兴起，而谈话分析的基本理论构想和研究方法也可以说是从日常语言哲学研究中孕育而生的。

维特根斯坦后期的思想放弃了前期的"语言图像论"，反对命题是事态或事实的逻辑图像，认为哲学家的首要任务是研究日常语言的实际用法，这一日常语言分析的转向奠定了后来语言分析学派分析语言意义的基础。按照"图像论"的观点，语言是现实世界的反映，与事实的逻辑相符，而维特根斯坦注意到动态的日常语言很难与现实世界形成一对应的静态关系，因此，语言哲学的目的不是研究理想的"人工语言"，而是研究语言在实际日常生活中的使用，因此他提出了"意义"即"使用"的说法，反对对语言进行抽象的、理想化的、静态的、与现实割裂开来的玄思，而是要在实际生活中动态地考察词语和文本的意义。在这一日常语言使用的动态过程中，语言、主体和客观世界成为有机联系的统一体。谈话分析无疑受到了日常语言转向的启示，它的研究对象——互动谈话——就是特定话语场景中的语言活动。通过揭示互动谈话的结构性特征和组织模式，谈话分析致力于发现谈话参与者之间达成共识的方法以及这种共识又如何促成个体和社会秩序之间的共建。谈话分析反对对于日常社会秩序的外在的、抽象的推论和臆断，它的目的不是达到对某些谈话序列学术的或者外在的解读，最根本的却是描述人们在互动谈话中的每一个瞬间环节运用的特定谈话方式和隐藏在这些谈话方式背后的社会背景。因此，可以这样讲，谈话分析的创立得益于日常语言转向的启示，而谈话分析的发展无疑充实了日常语言学派的研究内容，是后者在研究方法和内容上的一种拓展和扩充。

维氏对语言意义解释的基础是他提出的"语言游戏说"。他认为语言及其相关活动所构成的整体行为活动是同打牌、下棋等活动相似的一种"游戏"，都有一套游戏规则，即语言的用法。但是在日常语言的使用中，规则不是一成不变的，同一个语词的表达式在不同语境中意义可能会有所改变，只有语言实际的应用才能真正赋予其意义和生命。因此，"语言游戏说"表达了语词的意义存在于其实际使用中这一深刻的道理。维氏同时强调，语言游戏并非存在于语言文本与使用者之间，而是存在于具体条件下（非抽象意义）的人与人之间的语言实践之中，而这一话语实践因人、因时、因地、因情景不同而存在多样性，与维氏所提出的"生活形式"概念相关。所谓的生活形式包括人作为生物有机体对于自然环境的反应的自然延伸和在此基础上形成的风俗习惯等生活方式。语言游戏根植于生活形式之中，语言游戏本身也是一种生活形式，相应的生活形式对应着相应的语言游戏，因此，对于语言意义的理解也取决于对于生活形式的动态的理解。语言游戏与生活形式的习得、渐进、相融合生长始终是一个相依相伴的过程。维氏这种把语言当作人类活动的理念，奠定了日常语言哲学的基础，而这一转变的核心概念"语言游戏说"显然对于谈话分析的核心任务——发现互动谈话背后的话语规则——提供了启示。语言、游戏、话语规则都是群体语言实践与个体语言实践高度统一的结果，语言的使用过程就是在规则的制约、规则的突破与规则的重新确立之间循环往复的过程，而"生活形式"概论的提出对语言意义的习得、阐释和固化提供了理论和现实途径，于谈话分析而言，"生活形式"亦成为分析互动话语结构与社会结构关系的有力工具。

牛津日常语言学派的代表人物奥斯汀批判地继承和发展了维特根斯坦后期的语言哲学思想，他不认同维氏关于语言的使用方式无限多样的观点，认为语言的使用方式是有限并且有规律可循的，从而提出了"言语行为理论"，并对这一意义的最小单位进行了详细的概括和分类。奥斯汀早期思想首先对表述句和施为句进行了区分，当他发现二者并不能很容易地区分开之后又提出了"言语行为三分说"，把一个完整的言语行为分为三个层次：①以言指事，即陈述事实；②以言行事，即用话语实施某种交际行为；③以言成事，即用话语取得事后效果。尽管奥斯汀的理论存在归属不清和标准重叠等问题，但他无疑在研究领域、目标、内容和方法上为语言哲学研究开辟了新途径。奥斯汀的学生，美国哲学家塞尔继承和完善了言语行为理论。他认为"言语行为三分法"中以言指事的划分是没有实际意义的，将言语行为重新划分为4个类型，即发话行为、命题行为、以言行事行为和以言成事行为，从而区分了"句子意义"和"话语意义"，并且把某一言语行为中的命题行为和行事行为联系起来。塞尔同时提出用一个语言行为间接实施另一个语言行为的间接言语行为理论，为理解话语字面含义、语境和说话人言外之意的关系提供了有效途径。塞尔可以说在深度和广度上拓展了日常语言哲学的研究，但他对于语言行为的分类似乎也有着言之不尽之感，同时，他运用心灵哲学研究语言行为的方法似乎又忽视了语言行为的社会性，因此，当代的言语行为理论研究开始把语境、社会和文化因素纳入研究视野，认为言语行为产生于社会、文化环境等大语境和上下文等小语境，同时又受到语境制约，话语情境作为第一要素决定了实际话语这一第二要素，这种言语行为研究的综观论代表了日常语言研究的新趋向。

萨克斯本人深受把话语当作行动的言语行为理论的影响，然而，奥斯汀和塞尔的研究对象并非真实话语而是杜撰的语料，并且对这些人为语料进行直观臆想。比如，塞尔曾经试图对"允诺"这一言语行为的规则和适切条件进行界定，然而他采用的是一种脱离语境的方法，生造了涉及讲话人、听话人和讲话人话语的典型言语情境，因此，他所总结的规则是基于话语直觉而不是对于经验话语语料的观察。对此，萨克斯提出了异议："研究者不能发明新的谈话序列并且满足于此，你可能会挑出'一个提问和一个回答'，但是如果我们不得不延伸下去，那么，对于某人是否会在，比如说，第五句话语中真的说出这句话的问题，我们是没有把握的。对于谈话序列，我们并无强烈的直觉。"在这一思想指导下，谈话分析将言语行为的理论深入到对于真实互动谈话语料的研究中，对于言语行为理论长期未能解决的对不同言语行为的分类问题而言，这或许可能成为一个解决的途径。奥斯汀简单地把言语行为和言语行为动词等同起来，塞尔的五大类型划分方法（断定式、命令式、承诺式、表情式和宣告式）似乎也存在交错重叠的问题，而谈话分析基于真实语料的分析对于揭示言语行为这一蕴含了谈话者双方的社会关系、心理状态、背景知识、谈话情境和交际策略等诸多因素的复杂行为的运行模式似乎更具有鲜活的生命力。这种基于真实语料的、情境语境下互动谈话本质的分析正是谈话分析的核心特质之一。

　　日常语言哲学学派的思想经过维特根斯坦的启蒙、奥斯汀的创新性研究、塞尔的补充和拓展以及当代语用的综观论的充实，在批评和挑战声中最终成为语言哲学界颇具影响力的一个派别。谈话分析的成长与日常语言哲学的发展可以说是亦步亦趋。从最初的对于互动谈话以及谈话者运用谈话策略达到交际目的研究兴趣，到对于谈话作为一种行为的程式性秩序的发现，再到特殊"情境"中谈话结构与社会结构关系的研究，都可以看到日常语言哲学的影子。可以这样讲，日常语言哲学的主要观点为谈话分析的研究提供了思路，而谈话分析在微观和具体的层面上阐释了日常语言哲学所描述和解释的语言现象。

　　谈话分析的诞生受到了建构主义认识论和日常语言哲学学派的重要影响。我们可以把建构主义认识论和日常语言哲学思想看作谈话分析的哲学基础。它们为谈话分析的实证研究提供了坚实的理论来源和基础。对于这一哲学基础的正确认识和理解可以帮助谈话分析学者在建构一致的理论体系、明确的研究方向和统一的研究方法方面迈出坚实的步伐。

二、谈话分析的社会学基础

（一）戈夫曼及其互动秩序

二十世纪六十年代中期至七十年代末出现的反帕森斯理论中，符号互动论是一个显著的派别，作为符号互动论主要的推动者之一布鲁默的学生，戈夫曼以及他的拟剧理论成为符号互动理论中颇具特色的代表，为认识和理解微观社会交往过程中人际的互动模式提供了一种崭新的视角。为了完成自己的博士论文，戈夫曼曾对苏格兰设德兰群岛的一个佃农社区的社会交际网络进行实地考察，并在这些研究资料的基础上写成了《自我在日常生活中的表现》一书。在这本书中，他把舞台演出的艺术原理引入社会学分析：每个人只是人生这样一个大舞台上的演员，扮演着既是演员又是观众的角色。社会互动就是个体与个体之间的表演，全体社会成员都在互动中塑造自己的形象从而实现互动目的。每个人都希望在他人面前塑造自己的形象，这种表演者与他人互动时的策略过程被戈夫曼称为"印象管理"，认为表演者们总是把不被人接受的方面隐藏于后方，而把对方乐于接受的部分显现于前台，从而完成人与人互动中塑造"自我"形象的复杂过程。

萨克斯在加州大学伯克利分校攻读博士期间选择了戈夫曼作为他的博士生导师，因此，在他的许多文章中可以看到戈夫曼思想的影子，二十世纪六十年代早期，萨克斯在戈夫曼所讲授的课程班上撰写了一篇课程论文《警察道德品质评估笔记》。对萨克斯而言，警察们和戈夫曼所调查的设德兰群岛的居民面临同样的问题：他们如何从可能引起误解的外表下面推断其道德品质呢？萨克斯谈话分析讲座的第一卷中也有很多地方与戈夫曼思想不谋而合。比如，他提到个体家庭外观的设置与戈夫曼的观点非常相似："个人咖啡桌上的杂志常规上被看作意在表明他们是知识分子或其他什么身份。"在同一卷书中，萨克斯引用戈夫曼的观点讨论人们如何"控制印象"，并且与戈夫曼在《污迹》一书中所提到的一样，萨克斯讨论了人们，如一些精神病患者，用于隐藏被诬蔑身份的一些"掩饰手段"。

与戈夫曼一样，萨克斯的志趣不在于建立不依赖于语料的宏大理论以及采用实验室研究或访谈的研究方法，他认为这些都只是脱离日常语境的抽象叙事。相反，他们都致力于发现日常互动模式的微观特征，在活生生的人际交往中展现社会秩序和逻辑。然而，戈夫曼对于萨克斯博士论文的最终成果是非常反感的，以至于他最终退出了萨克斯论文的评审委员会。戈夫曼在其后来的文章中解释退出的原因：他的研究目的始终是记录仪式秩序从而揭示日常生活的秩序性行为。重要的是当涉及语言时，戈夫曼严格地区分了话语的"系统"特征和"仪式"特征。系统特征涉及能够保证基本可知性的特征，如有秩序的话轮转换，而仪式特征涉及一些诸如保护"面子"，尽量避免冒犯别人的方法、礼貌以及其他互动谈话的"程序"等方面的特征。对戈夫曼而言，这是互动秩序的两个截然不同的理论模式。而对萨克斯而言，互动谈话的系统和仪式之间并无实质差异。这在他的文章《人人都得撒谎》中得到明确阐释，他举例说，对于"你好吗？"这样一个询问比较礼貌地回答是"很好"，这里既涉及戈夫曼所谓的系统要求又涉及仪式要求。因为这个问题本身就设定了特殊的序列轨迹。我们并不期待某人会把"你好吗？"按照字面意思理解为对之健康状况的询问甚至会把相应的回答当作一种粗鲁、不礼貌和不可理喻的行为。而并非中立的回答如"很好"或者"很不好"又会建立新的序列轨迹，这时提问人有义务邀请对方展开原因陈述。因此，萨克斯的研究起点是互动谈话的序列特征，而戈夫曼首要关注的是他所谓的互动秩序，导致了两人对于仪式秩序不同的理论观点以致最后的分裂。尽管戈夫曼后期的工作越来越注意到日常社会交往中语言的重要性，包括他出版的最后一本书也命名为《交流形式》，谢格洛夫还是认为多数时候，戈夫曼对于谈话分析文献是存在误读的。而两者的研究方法也是存在一定的差异的，戈夫曼似乎拒绝系统的语料收集方法，而是随心所欲地收集有利于证明自己论点的语料，无论它们是偷听到的会话片段还是小说或电视剧的片段，抑或他收集到的来自设德兰群岛居民或疯人院的"田野资料"，只要是有助于阐释互动理论的语料，都会为其所用。萨克斯也会有选择地使用说明性例子（如他经常引用哲学家、弗洛伊德或者旧约的内容），然而，他始终坚持理论应该是基于语料的，而不是用语料来支持理论。因此，与戈夫曼常常使用杜撰的或是小说中截取的语料不同，萨克斯严格地进行对录音语料的转写。他认为基于这种方式获取的语料可以发现互动谈话更多的细部特征。

有趣的是，这对师生社会学家的语言风格也是大相径庭，戈夫曼的语言平直而浅显，是少有的能够同时吸引学术界大师和普通大众读者的社会学家，而萨克斯所发表的东西语言极其正式，与其讲座不同，这些专业著述只有专家才可以阅读。甚至连他交给戈夫曼的学期论文作业也是逐条逐点地列出自己的观点。可能这种风格差异也使戈夫曼对萨克斯有了"绕弯子"和"机械"的印象。

可以这样讲，戈夫曼的互动秩序理论在很高程度上启发了萨克斯，而萨克斯显然希望从更多的细节上研究社会秩序的地方性建构，而实现这一点，更多的灵感则来源于加芬克尔的常人方法论。

（二）加芬克尔及其常人方法论

本质上脱胎于舒茨现象学的常人方法论作为一种质性研究方法，从某种程度上开启了社会学思维方式的革命。它致力于对日常生活中例行性的惯常活动进行直接经验性的研究。它的代表人物加芬克尔用"常人方法论的无差异"思想，借助"破坏性试验"等独特研究方式对日常生活中"理所当然的"，不言而喻的和毋庸置疑的现象和问题进行反思性说明，从而揭示行动者日常交际中未曾言说、无法提及的潜在社会现实。通过把胡塞尔、舒茨和彼得·博格等人的现象学理论进一步具体化，常人方法论用实践行动的概念把行动、经验与秩序有机地统一起来，超越了传统社会学家外在地、客观地观察日常生活行动的二元对立观念，动态地、建构性地理解社会结构，从而奠定了常人方法论的理论基础，并为其他社会学建构理论提供了启示。加芬克尔在1967年出版了纲领性著作《常人方法论研究》一书，激发了不同领域的经验研究，其中最引人注目的就是由萨克斯、谢格洛夫和杰弗逊所创立的谈话分析。作为常人方法论王冠上的一颗明珠，谈话分析将常人方法论理论真正深入到对日常语言的分析之中，力图揭示互动谈话（的序列、方法和基本结构及其与社会规范、社会制度和社会结构之间的共建关系和过程。尽管萨克斯本人的学术思想也有来自他的老师戈夫曼、维特根斯坦的日常语言哲学、乔姆斯基的转换生成语法、弗洛伊德的心理分析以及人类学诸学派的影响，但是谈话分析与常人方法论之间的关系还是密不可分的。加芬克尔于1952年在哈佛大学获博士学位，1954年之后一直在加利福尼亚大学任教并使其发展成为常人方法论的研究基地，使在该校学习并任教十余年的萨克斯获益良多。加芬克尔和萨克斯相识于剑桥大学有关帕森斯的研讨会上，并且很快被对方严谨的学识所吸引。萨克斯在加州大学伯克利分校攻读博士学位期间一直与加芬克尔保持密切的联系。当时加芬克尔的常人方法论纲领还只是以油印版本的形式在UCLA传阅，是萨克斯将这些手本在伯克利分校社会学系的研究生中传播开来，并且通过与学生们的讨论，提出了与加芬克尔或是趋同或是向左的观点。1963年，加芬克尔安排萨克斯到UCLA担任了社会学系的代理副教授。1963~1964年，两人在UCLA自杀研究中心担任研究员，萨克斯在此通过电话录音获取的大量语料成为创立谈话分析理论最原始的第一手资料。可以说，两人从1959年开始学术交往并建立了个人情谊，这种关系一直持续到二十世纪七十年代中期萨克斯不幸车祸遇难。在这一阶段以二者为代表的学术领域均得到长足发展。可以这样讲，早期的谈话分析研究与常人方法论的纲领是一脉相承、亦步亦趋的。同时，谈话分析对于自然发生的互动谈话的研究兴趣代表了常人方法论最卓有成效的研究场所，它对自然语言研究的系统方法为常人方法论的研究做出了重要贡献。而在二十世纪七十年代中期以后的发展中，谈话分析似乎存在将对话语结构的研究"语言学化"或者与描写语言学范式趋同的态势，同时，从总体上讲，学界对于谈话分析作为一种方法论的实质是存在诸多误解的。这种误解由于学科壁垒的存在是很自然产生的。创立了谈话分析的社会学家（以萨克斯、谢格洛夫和杰弗逊为代表）并没有试图向其他领域的学者阐释其理论的常人方法论基础，他们1974年在语言学刊物上所发表的有关话轮转换的论文中并未对这一重要概念的常人方法论基础及其与语言学研究范式的差异做出解释，而诸如话轮转换、相邻对、话语修正等概念与单位、规则等描写语言学研究范式的概念颇为互适，从而很快进入语言学的教科书并成为描写语言学方法论的一部分。因此，有必要澄清谈话分析与常人方法论的理论渊源，分析并比较两者在基本理论建构及研究方法上的相关性，从而帮助理解常人方法论—谈话分析的理论和方法基础，并在比较各自研究优势的基础上提出谈话分析与常人方法论研究的互补能够有效地体现常人方法论—谈话分析作为一种具有多学科特质的研究方法的变革意义。

第二节 谈话分析与社会行动

一、互动谈话的微观结构及其社会行动

（一）相邻对及其社会行动

例1：A：你好。

B：你好。

例2：A：感觉好点了吗？

B：好多了。

从以上两例可以发现，日常谈话是以一种"成对"的方式进行的。谢格洛夫和萨克斯把这些例子所体现的紧挨在一起的两个话轮称为相邻对。出现在前面的谈话部分叫作相邻对前件，出现在后面的谈话部分叫作相邻对后件。相邻对是谈话分析的基本单位，是理解谈话分析学派的基础。因为谈话分析关注的是人们在谈话分析过程中主体间性的建构和实现的过程。而相邻对正是达到这一目的的理想方式。相关话轮相比于单独的一个话轮，能够表达谈话参与人对发话人相关话语的理解，也能使发话人判断自己的话语有没有得到正确的理解。通过相邻对后件，谈话者以合适的方式参与了交际，并且为理解发话人的目的提供了证据。构成相邻对的话语向我们展示了连续话语行为常常是成对出现的。这不仅对接话人的言语行为产生限制，同时也对发出话语前件的发话人产生限制。比如，如果你想接收对方的问候语，必须自己先提出问候。

相邻对对谈话双方话语行为的限定具有以下两个作用：第一，前件和后件行为是"相对有秩序的"。这意味着"出现前件行为，后件行为也应该被实现"，而且后件行为也"被相邻对组织秩序所限定"。第二，如果预设的后件行为没有出现，它将被认为是"缺失的"，前件将会得到重复，如向某人打招呼而没有得到回应，发话人会重复自己的问候直到得到对方回应。而后件的缺失使前件的出现也具有

了可说明性,可以用于推测交际方的动机和行为。例如,发话人的问候没有得到回应,发话人会认为要么是听话人没有听到,要么是故意采取不理会的冷淡态度,甚或是一种粗鲁的拒绝态度,这一可说明性的过程使谈话分析的研究不再是一种基于经验而推导的规律,而是发现指导互动交际双方言语行为规范性约定的一个过程。

从以上分析可以看出,相邻对是一种组织当前话语行为与前后话语行为关系的有效方式。萨克斯曾指出,话语之间的相邻关系是连接话语最有力的方式。我们可以用招呼—应答这一相邻对来阐述这一方式。萨克斯举例,孩子常常会发问:"你知道吗?妈妈。"他认为孩子用"妈妈"建立起另一个招呼—应答序列,对这一招唤的合适应答是妈妈说"怎么了?"这使得孩子能够说出开始想说的话,但却是出于一种义务(因为问题必定催生回答)。结果是,因其谈话资格通常是受限的,这一话语成为孩子参与谈话的有力工具。

但萨克斯同时强调相邻对在互动谈话中并不是被机械性地使用的。他所描绘的规则更多地取决于社会成员在具体话语中的使用。以招呼语"你好"为例,萨克斯提出"你好"并不一定总是打招呼的一种方式。比如,在电话谈话中间说出"你好"可能只是要确认对方是否还在线。同样地,在提问—回答相邻对中,常常是一个问题会引出另一个问题,如例3所示:

例3:1.A.我能借你的车吗?

2.B.什么时候?

3.A.今天下午。

4.B.多长时间?

5.A.几个小时。

6.B.好的。

这里B在第6行里也给出这一提问—回答相邻对的后件。萨克斯把其中2～5行的内容称作"嵌入结构"。尽管在"招呼语"相邻结构中,内嵌结构是很少见的,但在诸如提问—回答相邻对中,内嵌结构是很普遍的。在上例中,谈话双方的共识是当 A 提问完之后，B 会提供相邻对的后件。萨克斯举出的另外一个例子是我们常说的，"今晚你有事吗？"而像"没什么事"这样的回答一定会引入另一个"邀请—回答"相邻对。因此，这时第一个相邻对"提问—回答"就预示了下一个"邀请"言语行为。从这个意义上讲，相邻对就构成了"连锁"行为。比如，提问—回答相邻对就可能构成 Q—A—Q—A—Q 等一连串连锁的言语行为。

一个年轻人（A）坐在火车上，旁边是一位老人（B），谈话是这样进行的：

例 4：A：您能告诉我一下时间吗？

B：不。

A："不"是什么意思？

B：如果我告诉你时间，我们就必须说话。你会问我我去哪里，结果是我们要去同一个地方。我就得请你吃饭，我有一个年轻的正值婚龄的姑娘，我可不想让我的姑娘嫁给个不戴手表的人。

B 对回答问题的担心显示了"连锁规则"的力量，同时也解释了提问为何会构成"连锁"行为。这一"连锁规则"广泛存在于医患咨询、咨询访谈、求职面试等交际场景中。

赫鲁蒂治说："相邻对是主体间性的基本构件之一。"相邻对不仅是一个范式行为模块，而且是一个行为理解模块。任何相邻对的前件都构成一个行为模块的一部分，它建立了对下一行为的范式期待及其理解模块。相邻对后件中的言语行为表明了对前件行为的理解，它本身建立起对下一社会行动的行为和理解模块，如此往复，这就是萨克斯所谓的"下一话轮证明程序"，这是谈话分析学者展开自观视角的基本工具。下一话轮记录了对上一话论的分析，不仅将这一分析向其他谈话对象传递，同时为分析者提供了证明标准和研究程序。这一程序可追溯到常人方法论的反身性，说明了同样的方法和程序不仅适用于语言行动的产生，同样也适用于其理解过程。谈话分析的研究目标之一就是诠释我们对彼此的社会行动达成共识的一个过程。

谈话分析认为我们可以通过互动谈话组织结构范式来指导自己的言语行为，

而相邻对是实现这一主体间性的基石之一，因为谈话双方用相邻对来表明对彼此话轮的理解，这也使得研究者可以追踪其主体间性的发展。谈话的序列组织结构使交际双方能够产生可以理解的话语并且最终达到相互理解，而研究者可以通过公开的语料来分析这一过程。当然，这并不是说我们可以直接认识交际者"真实的意图"或者其认知状态。我们只是可以直接发现社会行动者如何通过语言媒介完成一系列相关的社会行动，并发现其建构主体间性的过程。

（二）话轮转换及其社会行动

1974年，萨克斯、谢格洛夫和杰弗逊在其发表的一篇论文《会话中一个最简单的话轮转换规则系统》中，阐述了日常谈话中交际双方如何实现话轮的转换和交替。他们发现在固定的谈话时间里总是一个人在讲话，然后实现不同讲话人话轮的交替。尽管有时会出现话轮的重叠，或者讲话人缺失的状况，但这些情况一方面不常见（话语重叠只占大多数情景下谈话的不到5%，而且通常只占到1/8秒），另一方面会被很快恢复到一个讲话人掌握话轮的常态。的确，话轮交替是日常谈话显而易见的特征，但不容易发现的是谈话中的话轮交替是如何以令人吃惊的高效完成的。无论多少人在参与谈话，也无论谈话时长与话题，话轮转换规则系统总是在高速运转。萨克斯等人认为，这一句轮转换规则系统的基础是话轮构成单位（turn construction units，缩称TCU）。话轮构成单位是话轮转换规则系统的基础，从语言学角度分析，一个TCU可以由一个词语、一个短语或是一个句子构成。发话人发出一个话轮时，听话人可以预测讲话人何时结束这一句轮而可能发生讲话人交替，这个地方就叫作话轮转换相关点（transition relevance place，缩称TRP）。一个话轮的首个话轮转换相关点遵循以下规则：

如果当前讲话人在当前话轮选择下一讲话人，那当前讲话人必须停止而下一个讲话人必须开始讲话。

如果当前讲话人没有选择下一个讲话人，那任何一个谈话参与者可以选择自己来做下一个讲话人：第一个存话轮转换相关点讲话者有权获得下一话轮。

如果当前讲话人没有选择下一个讲话人，而且没有任何一个谈话参与者像上述内容样选择自己，那当前讲话人可能（但不必要）继续，此程序循环往复直到谈话结束。也就是说，话轮转换相关点往往出现于一个话轮构成单位的末尾，预示着交际者之间可能出现的话轮转换。但话轮转换相关点的出现只能预示着话轮转换的出现并为其出现提供了可能性，不代表话轮转换一定会出现，或者说只是存在着这样的期待，谈话双方即使没有完全遵循上述话轮转换的规则，但是都在努力适应并维护这些规则。比如，谈话中常常存在插话现象。但插话人似乎也在遵循上述规则而不会随意插话，往往在等待讲话人完成自己主要的话语之后才会插话。而讲话人如果认为对方插话不合适，也会明确地向对方指出自己的话语还没有完成或者利用一些言语手段来避免被插话，如使用连接语来加长话轮、减少在 TRP 的停顿、加快语速等。因此，交际者在谈话中尽管存在不完全遵循话轮转换规则的现象，但这也从另一方面证明了话轮转换规则的存在。

话轮转换规则还可以帮助我们解释谈话过程中的话语重叠、插话、沉默、谈话时间的长短、谈话人的话语分配等现象。谢格洛夫对谈话重叠现象进行了总结。话语重叠出现的原因不同，表现方式也不尽相同。在 TRP 之前，一个可取话轮，如对邀请或协议的接受可能会以话语重叠的方式出现，如例 5：

例 5：A：你为什么不时常来看看我？

B：我愿意。

上例中，听话人正是在遵循话轮转换范式，在 TRP 处表明自己对讲话人提议的赞同和热忱，因而体现为正常的 TRP 处的可取结构重叠话语。在下例中，F 在"合理的"一词处开始自己的话轮：

例 6：C：啊，我写了我所想的是一种合理的解释。

F：我想这是一封非常粗鲁的信，因为这一句轮的出现在 TRP 之后，因此是一个插话。这一点可以由 F 话轮中所蕴含的非可取性社会行动所确定，其中的语言形式与讲话人话语形成对峙，没有丝毫缓和的余地。上例说明话轮转换规则可以随时被打破，结果是会影响到谈话的进行和社会关系的维系。因此，话语重叠和插话可以被谈话双方有目的地使用，从而强化特定社会行动的连续与非连续本质。

一个话轮构成单位（TCU）可以被理解为一个以话轮或话语序列形式实现的独立的社会行动，而一个 TCU 可以预见的结尾是一个 TRP。一个独立社会行为可以由多种语言形式来实现，从一个词、一个话语标记、一个从句到一个句子。同时一个 TCU 可以以非言语形式来实现。当然，一个 TCU 首先是一个社会学概念而非语言学概念，因此不能完全用语言术语来区分。而且它是一个自观的、从社会成员出发的概念，因此不能用他观的术语来划分。如例 7 所示：

例 7：1.A：吻吻我会让你很烦，[啊

2.B：[是啊，我们都

3.：知道怎么回事

4.：((停顿))

5.A：[(.)

B：[我是说你一唠叨）一唠叨个不停就

7 那件事 =

8.A：

= 是的，所以我说我会让你烦哈根据萨克斯等人的研究，每一个话轮同时完成过去、现在、未来 3 个序列任务。一个话轮表明它与当前话语序列的适应过程（过去），完成自己的社会行动或构成当前话语序列的组成部分（现在），并且为另一谈话人的下一话轮创造语境（未来）。在上例中，A 在第 8 行中的一个话轮包含三个 TCU。"是的"从过去意义上与 B 在第 6，7 行的话语相关，"所以我说我会让你烦"完成一个社会行动并构成当前话语序列的一部分，"哈"进行前瞻并讲话轮交回于 B。所以，这 3 项序列任务被分成 3 个独立的 TCU，并且包含于同一个话轮之内，而从语言学角度讲，它们是由不同类型语言成分所构成的。

从以上分析可以看出，TCU 应该被看作社会行动进行自观分析。从语言层面讲，一个 TCU 可能由不同语言成分组成。尽管 TCU 都以语言形式所体现，但是言语交际者可以将其视为独立的社会行动而在交际中将其识别出来，并且能预

测它将何时结束。福德和汤姆逊指出，能够使交际者预测前一话轮结束点的话轮特征是"它不仅包括句式线索，还包括语气特征以及语言和行动特征。这3个特征合起来在很大程度上可以定义谈话中的 TRP"。因此，与建构符合语法的句式不同，谈话分析并非由从他观角度所分析出的一系列有章可循的单位和规则所构成。相反，谈话分析对于谈话序列采用一种自观的分析角度。描写语言学可以单独分析一个词或一个句子，而在谈话分析中，孤立分析一个话轮是没有意义的。将一个 TCU 或一个话轮作为一个独立的分析单位是不符合谈话分析要求的。谈话分析采用一种整体的分析系统，因为交际者本身也采用同样的整体分析系统，正如哈奇比和伍菲迪所讲："我们必须认识到谈话分析的目标之一并不是去定一个 TCU 是什么，正像语言学家可能想去定义一个句子是什么。在这个问题上，谈话分析不能采取规定性的立场。因为在一段情境谈话中一个 TCU 的构成是社会成员的问题。也就是说，这样一个单位基本上是由一个合理的话轮——从谈话成员的角度——所构成的。"因此，与从他观角度分析语言层面不同，谈话分析关注社会行动是如何通过语言形式传递出来的。在情境谈话中，话轮转换通常以高效完成，显然，社会成员在辨识 TCU 以及预测 TRP（亦即设计和识别社会行动）上并无很大困难。而发现社会成员的这一能力成为谈话分析自观研究的任务之一。

（三）可取结构及其社会行动

从某种角度上讲，互动谈话可以被看作是社会行动者为达到某种社交目的而从事的共同的社会活动，而互动谈话是帮助社会成员达到这些目的的理性建构。下一话轮定位是谈话人对谈话对象施加影响的主要手段，由此达到主体间性的共建并实现交际目的。

赫鲁蒂治曾指出，"谈话结构的很多层面都存在一种'倾向性'本能，这种倾向性对于维护交际者的关系以及避免交际冲突是有益的。"这一点与格赖斯合作原则的基本理念是一致的。这一倾向性结构在谈话分析的可取结构概念中得到体现。在很多相邻对中，后件都是可选择的。邀请这一言语行为的回答可能是接受（可取行动）或拒绝（非可取行动）。这两种回答的完成方式不同，可取行动在回答话轮初始是没有迟疑或延宕的。如例8所示：

例8：1.孩子：你能，呃，啊，把我，啊，房间的灯开了吗？

2.父亲：行非可取行动通常伴随着迟疑和延宕而且话轮开始处常有话语标记，如"那么""呃"以及一些正面评价和赞赏，如"你真好"等。它们的语气通常会以某种方式得到缓和，并且会以某种解释或者借口加以说明，如例9所示：

例9：1.B：呃，如果你今天早晨愿意过来看一看，

2.我会给你煮咖啡。

3.A：呵，那个，你真是太周到了，我觉得今早自己不行，

4.呃，啊，我在报纸上登了三个广告—呃，我

5.得守在电话旁。

赫鲁帝治提出，可取回答是社交结盟行为，对维系社会关系起建设性作用，而不可取回答是非结盟行为。这并不意味着同意这一言语行为总是可取回答。在自我贬低话轮中（如，"天啊，我真蠢"），可取回答是不同意。可取回答遵循既有范式，具有社交结盟性，并且能推进观点共建。所以，对邀请的接受遵循既有范式，属常规行为方式，具有社交结盟性，因此是可视而非可注意行为。日常言语行为大多数都属于这种可视而非注意行为。对邀请的拒绝是非连续性社会行为，不遵循社交常规，因此是非可取行为。这意味着它是可注意和可说明的行为，这也可以解释为什么非可取行为常常伴随说明和借口。但是，如果对邀请的回答是一个即时的、决断的、非缓和语气的"不"，它就是一个可制裁行为，因为它并未提供说明、解释而且并没有企图降低非结盟行为的程度。

在可取结构中（以对邀请的接受为例），说明是不必要的，因为这一结构符合常规模式。在可注意、可说明但非许可的非可取结构中（以对邀请的附带解释和缓释语气的拒绝回答为例），因为提供了说明，社交结盟性并未受到威胁，制裁行为也是不必要的。在可注意、可说明以及可制裁的非可取结构中（以即时的、坦率的非缓和的拒绝回答为例），非可取行为的完成过程中没有任何说明，导致社交断裂，这时制裁或报复行为具有了相关性，如"再也不要邀请他了！"可取

相邻对后件是即时完成的社会行动,属可视但非注意行为,没有阻止互动谈话进行的因素,行动者可以随即进行下一社会行动。正如赫鲁帝治所讲,大多数邀请行为被拒绝是基于不能够,如预先有约而不是不情愿。不能够的借口具有"无错"性质,具备社交结盟性,并不威胁面子,因此降低了非可取行动中固有的非连续性的程度。至于在非可取结构中使用诸如那么、呃等延宕语和话语标记,是因为它们与说明的产出密切相关。给予话语接收入时间去思考说明和借口,从而缓和非连续行动的程度。而且,它们甚至会给予发话人时间来完成结盟社会行动,从而降低非连续性的程度或缓和拒绝所带来的伤面子的行为。

(四)修正结构及其社会行动

修正是对互动交际中阻碍交际进行的麻烦进行处理的过程。这些麻烦也就是交际者所认为的在谈话过程中所存在的问题。所谓存在的问题,指的是交际双方在谈话过程中所发现的可以被修正的东西。正如萨克斯、谢格洛夫和杰弗逊所讲,"从原则上讲,没有什么东西是可以排除在'可以修正的'内容之外的。"这些可以修正的问题并不是谈话过程中的错误,因此修正与纠错并非同一概念,事实上纠错只是修正的形式之一。而修正现象中的修正源可能由于各种现象造成,如听话人没有听清发话人的谈话,谈话双方没有理解对方话语等。从常人方法论谈话分析的视角来看,话语修正是维护观点共建和主体间性的重要手段。话语修正主要有以下4个路径:

1. 自我发起—自我修正

谈话分析研究发现,不同的修正发起和修正完成发生在不同位置。谈话修正的自我发起主要出现在修正源所在的话轮内而且在同一话轮内是可以完成修正的。也有些自我发起发生存话轮转换相关处和修正源之后的第二个话轮内,通常在这些范围内也会得到成功修正。而谈话修正的他人发起则通常需要通过几个话轮才能完成,而一般不会出现在修正源所在的话轮内。通常的情况是,修正源所在话轮在进行过程中时,他人发起一般会受到抑制,只有在完成修正源所在话轮之后,他人发起才会出现。

修正结构中很明显存在着可取等级。在上述话语修正的4个路径中，自上而下依次为：自我发起—自我修正是最为可取的结构，而他人发起—他人修正是最不可取的结构。这一次序与日常谈话中话语修正的使用频率也相关。他人发起—他人修正是最少见的。正如哈奇比和伍菲特所讲，"话轮以不同方式组合起来从而为自我修正提供便利，或以此展示讲话人对自我修正的适当性以及他人修正（可能的）不恰当性具有敏感度。"

二、互动谈话的宏观结构及其社会行动

（一）故事讲述及其社会行动

在一般认识当中，故事讲述似乎是由一方—讲述者所完成的言语行为。然而，与电话谈话样，故事的讲述也需要合作，为了完成各层次的话轮转换，讲述者与听众之间的合作是必要的前提条件，由此所讲述的故事才能得以延展。比如，故事讲述通常会涉及一个"前序列"，它一方面揭示了故事讲述多话论的本质，另一方面告知听众故事结束的时间。同样地，听众需要提供最少量的"反应标记语"（如"姆"），由此，表明他们在倾听，但同时又将自己的话轮转让给了讲述者。因此，萨克斯等人对于故事讲述及其社会行为的研究主要围绕以下两方面展开：一是讲述者如何获取并且维系话语权；二是听众如何用最少的"反应标记语"来回应故事讲述的言语行为。

1.讲述者获取并维系话语权

讲话人获取话语权有多种方式，如孩子会用提问的方式，如"你知道吗？妈妈？"也有些人会说出与听话人密切相关的一些话语，如"你的衣服着火了"，因此引发听话人的注意从而获取开启话语的"入场券"。然而，由于故事的展开远多于一个单独的话轮，在获取话语权方面它是一个特殊的现象。而获取并维系话语权成为故事讲述结构的核心。如果我们要讲述一个涉及多层次化轮的长故事，我们会面临一些话语权的问题。在这种情境下，我们期望对方只去倾听而不会预计他们怎样会成为下一个讲话人，就好像听话人此时内在的成为下一讲话人的动机暂时缺失一样。那么，我们是如何运用各种话轮转换机制创造出多话语话轮

的呢？

萨克斯认为，故事讲述者的问题就是如何掌握下一话轮的话语权。与孩子的问题"你知道吗？"相似，故事讲述就是"企图掌握谈话中的第一话语权之后的第三空当"。达到这一目的的方法之一就是提问，如可以说，"你想听个笑话吗？"或者"你知道昨晚我遇到什么事儿了吗？"另一种方法就是做出宣称，如"今天我遇到一件可怕的事情"或者"我听到一个不错的笑话"等。诸如此类的话语具有两个功能。其一，它们可以作为一个前序列，向听话人预示未来的故事；其二，这些前导言，如孩子的提问，通常会伴随其后件，如"什么？"由此，第一讲话人维系了其话语权，因为此时他会被要求继续讲下去。

（二）机构性谈话及其社会行动

1. 机构性谈话研究的源起和理论发现

机构性谈话的研究最早萌芽于萨克斯、谢格洛夫和杰弗逊在1974年所发表的有关话轮转换的论文。他们在文章中指出，谈话分析学者致力于理解谈话成员激发相应语境的方式，而谈话成员激发语境又常常是通过使用相应的话轮转换系统来完成的，这一句轮转换系统"既不受语境限制又具有高度的语境敏感性"。这一点的含义包括：(1)谈话的话轮转换系统是言语交际系统的一种基本形式，因此它被当作是任何交际的基础形式。

(2)谈话成员如何适应或修正这一系统将产生结构性问题。

在这之前的讲座中，萨克斯也会不时地思考话轮转换规则系统的地方性顺应问题。比如，在谢格洛夫1968年研究的基础上，他注意到打电话者如何尽力去改变"商务电话"的本质和方向。他还提到机构性谈话的一个特征之一就是"二手故事"的缺失，如他说"一个有经验的心理医生，绝对不会说出'我妈妈也是那样的'"等诸如此类的话。然而，只有在1974年的论文中机构性谈话才开始得到系统的重视。这篇文章提到识别"采访"与"辩论"的方式之一就是观察其话轮的长度与秩序被预先规定的模式。作者据此提出谈话中可能存在3种话轮转换规则系统的"线性排列"。在其上层,所有的话轮都被预先设置(如一些法庭程序);在其中层,预先设置与地方性设置的话轮混杂在一起(如会议谈话);而在其下层,是纯粹的地方性话轮设置,遵循某一时间唯一话轮的规则。

而每一个话轮系统都有其特定的功能。基于此,任何一种谈话形式都被看作是一个连续体,其一端是日常说话相对未受限的话轮系统,中间为各种不同正式程度的过渡状态,到另一端的仪式性场合,在这种场合下,不仅谁讲话,以何种秩序,而且他们要说什么,都是预先设置的(如婚礼仪式)。谈话成员会削减或改变谈话实践的整体面貌、集中关注于某些方面、限制另一方面,从而展示出对特定机构性语境的顺应。上述观点突破了常规的有关语境的认识,即互动语境不仅是谈话成员所进入的"容器",而且对谈话成员的行为会产生影响。将语境视为"容器"的传统观点没有充分注意到谈话成员在产出其行为时所建构的主动知识。谈话分析并不把语境视为对谈话成员施加影响的抽象社会力量,而是从另一角度出发,把谈话成员视为能够主动建构知识的社会行动者,他们不断向彼此(以及观察者和分析者)展示其对语境相关性的倾向和趋同,这并不是要否认互动交际的更为宽泛的社会语境与谈话成员的交际行为具有绝对的相关性。从直觉上讲,我们知道对语境的高度敏感在日常生活的不同社会情景下,会对我们的社会行动提供所需的相应知识。比如,在会议谈话中,我们通常不会在这一活动进行当中突然感觉到我们正在与家人就某一话题进行讨论。通常而言,我们知道我们在做什么,并且能意识到我们所从事活动的社会语境。

谈话分析显然不能满足于以上直觉提供给我们的信息,除了个人直觉以外,我们还需要解释谈话成员是通过怎样的公共方式来向彼此展示他们对语境的顺应以及对彼此行动的理解的。比如,在日常谈话的研究中,谈话分析一直在试图证明谈话成员如何向彼此(以及分析者)展示机构性情境的相关性。因此,从1975年萨克斯去世以后,谈话分析将更多的研究重点转移到谈话中所发现的特定序列类型是如何出于机构性目的而被具体化、简化、削减或进行结构性调适的。谈话分析始终认为谈话成员利用谈话序列的展开来理解彼此的社会行动。因此,谈话分析对互动谈话的研究将重点放在对话轮产生过程中即时序列语境的研究上。换句话来说，谈话分析的核心特征之一就是对互动谈话话轮展开方式的研究。但谈话并非发生于真空中，它总是处于一定的情境之中。这些情境可能发生于一些非正式场合，如街头偶遇或家人朋友之间的闲聊，也可能发生于一些正式的场合，如工作场所、学校、各种服务场所等。而在现代社会中，人们总是在公共机构语境中花费大量的时间，而在这些活动中言语交际又是最重要的活动。同时，我们也会倾听大量的机构性谈话，如电视和广播谈话等。研究这些公共机构情境下的谈话可以帮助我们进一步理解谈话在社会生活中的重要作用。

然而，谈话分析的任务并不仅是描述人们在这些情境下的谈话特征，它要回答的问题是，谈话分析对于语境的地方性观念会在多大程度上启发我们对更宽泛的社会语境的认识？谈话分析的普遍方法认为，互动谈话的交际双方积极主动地完成谈话本身的秩序性这一本质特征，而制度性谈话也致力于完成公共机构谈话的"机构性"本质特征。在前一部分的讨论中，我们可以观察到互动成员所展示出的对于谈话中话轮规则的倾向性，并由此完成谈话活动，而不仅是进行询问。在机构性谈话中，谈话分析关注的是更为具体化的话轮转换规则与话轮设计，并由此分析互动成员所展示的对于具体交际活动的顺应。戈夫曼曾经说过："社会学家花费大量时间试图描述和解释机构性，但从未找到一种对于机构性的恰当的划分方法。谈话分析可以说是另辟蹊径。它认为互动交际之所以具有机构性特征，并不像社会学家所普遍认为的那样与社会结构理论相关，而是与社会成员所使用的言语交际系统的特殊性质相关。因此，谈话分析创立了独特的展示社会成员对机构性语境所具有的顺应性的方法。"

由于谈话分析已经在日常谈话研究方面取得了较为丰硕的成果，因此对于机构性谈话的研究，主要采用了对比的研究方法，即把机构性谈话与日常谈话进行比较，以期发现机构性谈话的特点。茱和赫鲁蒂治在机构性谈话的特点及其研究内容方面曾经做过系统研究，提出与日常谈话相比，机构性谈话所具有的主要特点以及机构性谈话的研究内容主要围绕以下5个方面展开：词汇选择、话轮设计、序列组织、总体结构以及社会关系和认识论。

与日常谈话中谈话双方话轮转换的随意性不同，正式的机构性谈话中的话轮转换往往遵循严格的模式。他们常常是日常谈话话轮转换模式的细化和具体化，而且正式机构性谈话中的具体话轮转换模式能够向我们揭示谈话双方是如何与机构性语境相融合和趋同的。阿特金森和茱在1979年提出了"话轮类型预先设置"的概念来描述正式机构性谈话中话轮转换的特征。所谓"话轮类型预先设置"指的是谈话双方一进入机构性场景，即受到其特定机构角色所限定的话轮类型的限制。这一限制模式是预先设置的，通常由一系列的提问—回答序列所构成。这一点显然与日常交谈中话轮的次序、大小与类型都具有任意性的特点不同。比如，在法庭辩论和广播新闻交谈中，谈话者表述自己观点的权利受到很大限制。在这两种情境中，对提问者的要求都是不能过分陈述自己的观点。相反，他们的任务是引发被提问者的立场，观点和陈述，同时要有技巧，不能流露出偏见。这是因为无论法庭辩论还是新闻访谈首先要有潜在的听众，而听众在这些情境中是不应该受到提问者的不恰当的影响的，他们应该对被提问者做出自己的推论和评判。因此，提问者不仅话轮形式受限，其谈话内容也受限，因为提问话轮中是不应该提出个人观点的。

在新闻访谈中，主持人同样可以采取各种策略对被采访者提出批评性和挑战性的言论。比如，他们可以在提问中蕴含批评性和评论性陈述；或者引用"事实"来强调与被采访者的对立观点；或者引述他人的观点来请求被采访者进行回应等。这些策略使主持人可以从自身角度采取批评的姿态，而这一姿态以提问为形式，又可以使他们保持新闻人的中立性。因此，正式的机构性谈话中特殊的话轮转换系统可以说明谈话成员顺应机构性语境的方式，但同时正式的言语交际系统也会对在这些情境中所完成的社会活动产生影响。相比正式的机构性谈话而言，非正式的机构性谈话更为普遍。如果我们综合比较在医患关系、社会场所以及其他工作场所的研究成果，会发现在这些非正式机构性情景中存在普遍的不对称现象：通常专家拥有更多的话语权，而客户、病人或其他谈话另一方的话语权很少。但与正式的机构性谈话不同，在非正式机构性谈话中不存在严格的"话轮类型预先设置"，谈话中不存在话轮类型或话语预先规定的情况。但是，非正式的机构性谈话与日常谈话也存在很大不同。主要体现在交际双方对于机构性语境的顺应性方面，即在不同的非正式机构性谈话情境下，谈话双方会以不同的方式完成同样的交际任务并完成对相应语境的顺应。

第四章 语用学视角下沟通的礼貌与反讽

第一节　语用学视角下沟通的礼貌原则

一、会话的礼貌原则

（一）礼貌原则和合作原则之间的关系

合作原则是会话的一条重要的指导原则但不是唯一的原则。格赖斯还提到了礼貌原则、美学原则、社会原则等，只是他没有逐条阐述这些原则。在这几条原则中，最引人注意的是礼貌原则。礼貌是人类文明的标志，是人类社会活动的一条重要准绳。作为一种社会活动，语言活动也同样受到这条准绳的约束。有些语义学家认为，人类社会的一切冲突和争斗，包括政治上的分歧和争端都是由于语言使用不当导致误解而引起的。这种说法虽然过于偏激和极端，但并不全然无理。在现实生活中，由于语言不当，甚至语言粗鲁而引起的的误会、摩擦，导致人际关系紧张的例子是不少见的。这足以说明礼貌在语言使用中的重要性。利奇将语用原则分成"人际修辞"和"篇章修辞"两大类，他的"修辞"指的是交际中有效地运用语言，它由交际双方所遵守的原则和准则组成，准则是原则所包含的较具体的范畴。合作原则和礼貌原则属于人际修辞的范畴。合作原则解释了话语的字面意义和它的实际意义之间的关系，解释会话含义是怎样产生和理解的，但它却没有解释人们为什么要违反会话准则以含蓄地、间接地方式表达自己。虽然不能说人们违反会话准则产生会话含义都是出于礼貌的需要，但在不少情况下，人们这样做的确是出于礼貌的考虑。

会话的合作原则在会话中起着调节说话人说话内容的作用，它使说话人在假设对方乐于合作的前提下能够进行交际。但礼貌原则具有更高一层的调节作用，它维护了交谈双方的均等地位和他们之间的友好关系。只有在这个大前提下，人们才可能进行交际。如果没有礼貌这个大前提，根本就谈不上正常的、有效的交际。为了维护礼貌原则，人们甚至可以牺牲合作原则下的准则。比如，说一个不会带来任何不良后果的谎言来谢绝别人的邀请，总要比直接地回绝对方显得更要礼貌些，尽管你说了谎，而且对方也知道你在说谎。再如"反语"，人们使用反语，一般说来，也是出于礼貌。人们用反语来表达的常常是一些令人（听者或第三者）不快的事，例如说某人不够朋友，指责某人把事情办糟了等等，也就是说说话人难以避免地会得罪别人、伤害别人的感情、引起别人的不快，反语的使用使得听话人可以间接地领会到说话人通过含蓄的方式所实施的冒犯之处。反语虽然仍属尖刻之语，但不失为说话人为了维护礼貌原则而牺牲质量准则的一个重要例证。

但在有些情况下，人们对合作原则的考虑高于对礼貌原则的考虑，这是在一些交际的双方把信息的交流看作高于一切的合作性的活动中。在这类活动中，人们首先关心的是信息，是如何毫不含糊地以最快的速度把信息传递给对方，为此目的，参与者最大限度地遵循各项会话准则，对礼貌的考虑让位于对合作原则的考虑。

综上所述，合作原则和礼貌原则之间存在着一种进退相让的关系，要多考虑一点合作原则，便只能少考虑一点礼貌原则；反之，要多考虑礼貌，便不得不牺牲合作原则。这就是为什么语言越直接，就越容易显得唐突，语言越间接，一般来说就越显得婉转。

（二）礼貌和言外功能

不同的交际目的对礼貌有不同程度的要求，有的交际功能对礼貌的要求高些，有的则可低些。根据语言的言外功能和在言语活动中维持良好的人际关系这一社会目标之间的相互关系，利奇把言外行为分为四大类：1）竞争类，2）和谐类，3）合作类，4）冲突类。

竞争类指的是语言的言外功能与社会目标相互竞争的那一类言外行为，诸如"命令""请求""要求""乞求"等。这类行为本质上就是"不礼貌的"或"失礼的"，因为，不论以什么样的口吻去说话，说话人都是想让听话人按照他的意志去做某一件事。说话人想要达到的目的和礼貌的要求之间的关系是不协调的。正因为这样，说话人更要注意礼貌地使用语言以减少他的首要言外行为的非礼性。

和谐类的言外行为指的是在语言活动中,听话的一方是受益者的那一类言外行为,例如"提供""邀请""祝贺""致意""致谢"等。在这些言外行为中,言外之的和礼貌是一致的,它们之间的关系是和谐的。这一类言外行为本质上是礼貌的,很难想象"不礼貌地邀请"或"不礼貌地感谢"之类的情况。

合作类的言外行为前面已有所提及,它指的是以交换信息为主要目的的那一类言语活动,例如"声言""报告""宣布""传授"等。交际双方所关心的是信息本身,是如何最有效、最迅速、最大限度地传递信息。因此,这类行为要求交际双方高度地合作,最大限度地遵循合作原则。这类言外行为并不过多牵涉礼貌问题。利奇认为对于这类言外行为来说,礼貌是无关紧要的。

冲突类的言外行为指的是言外功能与社会功能互相冲突的那些言外行为,例如"威胁""指责""诅咒""责骂"等。这一类言外行为本质上是不礼貌的,利奇认为在实施这类言外行为时,根本没有礼貌可言。不过,似乎也不能说得太绝对,固然不可能礼貌地威胁或诅咒,但至少礼貌地指责还是可能的,利奇自己给的例子"有人吃了蛋糕上的糖霜"不正能够说明这一点吗?

二、礼貌原则的局限和不足

利奇的"礼貌原则"无疑是对语用研究的一种贡献,但本身也有一些局限和不足。

利奇的礼貌原则的最大不足,是对礼貌的得体性没有予以充分的考虑。他认为有些言语行为(如命令)具有内在的不礼貌性,有些(如提供)具有内在的礼貌性。"内在的礼貌性"和"内在的不礼貌性"就暗示了有些言语行为本质上是礼貌的或不礼貌的,这就忽视了在一定的情景中可能决定礼貌程度的语境因素,从而忽视了礼貌的得体性。考虑言语行为的礼貌问题时,似不应忽视说话人相对于听话人的社会地位及身份、言语行为本身所具有的难易程度等因素。如果请你的上司为你保留一个职位时说"如果你能为我保留这份工作,那你将帮我一个很大的忙"是合乎礼仪的、得体的说法,那么,请你的同事把报纸递给你,也套用这种最礼貌的形式："如果你能把报纸递给我，那你会帮我一个很大的忙"却给人以过分礼貌、矫揉造作之感，绝非是得体的语言。这是因为"保住这份工作"和"递报纸"这两个动作在难易程度上有极大的差别，对说话人来说，因为这两个动作而受惠的程度也有很大的差别。因此，适用于一种情况的最礼貌的形式在另一种情况下就显得过分了。同样，赞扬别人的烹饪手艺，也不见得总是以说"你是我所知道的最好的厨师"这种最礼貌的话为最适宜，也要看对方究竟是什么人，在什么样的场合，为你烧了什么样的菜，菜的实际质量又怎样等等。因此，在讨论语言的礼貌性时，我们不要忘了语言的得体性。礼貌地使用语言是得体地使用语言的一个因素。得体的语言是受社会因素制约的，因此，语言的礼貌程度也同样受到社会因素的制约。对某一场合来说是得体的语言，换了另一种场合便未必得体；同样，对一定的场合来说，有适合于这种场合的最礼貌的形式，换了一种场合，这种形式就会显得过分礼貌或者不够礼貌了。使用过分礼貌或不够礼貌的形式都会使语言显得不得体，可能会因此产生另一种会话含义。比如，我们想请一个熟悉的同班同学把门关上，一般来说，"请把门关上！"，"请把门关上好吗？"在这种场合是足够礼貌的、也是十分得体的说法，如果我们说"你能把门关上吗？"，"请您把门关上好吗？"这种过分礼貌的话，或者"我要告诉你多少次把门关上？"这种不够礼貌的话，这或是因为说话人的交际能力较差，不善于选择得体的语言，或是因为说话人想通过违反礼貌准则而表现出"疏远""不耐烦"这样的社会意义。因此，利奇的这些礼貌准则是相对的，是受一系列社会因素制约的，这些社会因素决定了在特定的场合下什么是"最礼貌"的形式。

利奇在陈述礼貌原则的准则时用了"最大""最小""尽力缩小""尽力夸大"这样一些提法，显然是比较极端的。如前所述，"最大""最小"等的说法未必是最礼貌的。徐盛桓指责利奇的这种提法过于绝对化，也过于理想化。他提出了礼貌原则的新构想，包括促进各方的关系和为此采取的礼貌策略的两大方面。促进各方的关系包括"注意自身一方""尊重对方"和"考虑第三方"；礼貌策略包括积极和消极两方面。简述如下：

1. 促进各方关系

（1）注意自身一方

1）说适合自己身份地位的话，不说不适合自己身份地位的话；

2）说话通常倾向于较为谦逊

（2）尊重对方

1）说适合对方身份地位的话，不说不适合对方身份地位的话；

2）对于对方，话语通常倾向于较为尊重或客气，尊重客气的程度；

3）同对方尊长或同他们跟自己疏远的程度成正比；

4）同对方付出代价的程度成正比；

5）同对方要求他人付出代价的程度成正比

（3）考虑第三方

充分注意到交际时在场的第三方，不说影响到他们的身份地位的话，如果有需要，可以说适合他们身份地位的话。

2. 运用礼貌策略

（1）积极策略：说适度谦让、尊重或客气的话

（2）消极策略：说适度中和的话

我们可以看出，徐氏的礼貌原则新构想，基本上是对利奇的礼貌原则的修正，以"通常倾向于"等字眼来替代"最大""最小""尽力缩小""尽力夸大"等字眼，对礼貌的得体性有所考虑，显得较为中肯而实际。

三、会话的礼貌策略

（一）礼貌和社会因素

1. 面子和理性

"礼貌"本身是日常生活行为中具有道德或伦理意义的一项行为准则，包括人们为维护和谐的人际关系所做出的种种努力。但是，礼貌这一概念一旦进入到语用研究的领域，就有其独特的理论内涵。利奇对礼貌的界定比较模糊，相比之

下，布朗和莱文森所提出的礼貌策略似乎清楚些。在他们看来，礼貌就是"典型人"为满足面子需求所采取的各种理性行为。他们的礼貌概念本质上是策略性的，即通过采取某种语言策略达到给交际各方都留点面子的目的。因此，布朗和莱文森的礼貌理论通常称之为"面子保全论"。

"面子保全论"首先设定，参加交际活动的人都是典型人，典型人是"一个具有面子需求的理性人"，通俗些来说就是社会集团中具有正常交际能力的人。这种典型人具有两种特殊的品质：面子和理性。典型人所具有的"面子"即是每一个社会成员意欲为自己挣得的那种在公众中的"个人形象"，它分为消极面子和积极面子两类。消极面子是指不希望别人强加于自己，自己的行为不受别人的干涉、阻碍。积极面子是指希望得到别人的赞同、喜爱。典型人所具有的"理性"，不仅指交际双方能运用一定的模式进行实际推理的能力，而且还包括从交际的目标出发，确定达到这些目标所应运用的最佳手段的能力。只有具有面子和理性的典型人，才能够使正常的交际得以顺利进行。

2. 面子威胁行为

布朗和莱文森认为，许多言语行为本质上是威胁面子的，讲究礼貌就是要减轻某些交际行为给面子带来的威胁。社会交往中既要尊重对方的积极面子，又要照顾到对方的消极面子，这样才能给对方留点面子，同时也能够给自己挣点面子，以免带来难堪的局面或使关系恶化。言语交际中的礼貌策略只是一种手段，使用礼貌策略这一手段的真正目的是为了更好地达到交际目的，满足人们的面子需求。面子是典型人的基本需求，所有典型人既有积极面子的需求，又有消极面子的需求，他们都有理性，都能选择一定的手段来满足一定的面子需求。

但是，布朗和莱文森认为，有些言语行为具有固有的威胁面子的性质。也就是说，有些言语行为本质上与说话人或听话人的面子需求背道而驰，它们既可以威胁积极面子，也可以威胁消极面子；既可以威胁说话人的面子，也可以威胁听话人的面子。

1）威胁听话人面子需求的言语行为

威胁听话人消极面子需求的言语行为是指说话人表明他无意避免干涉听话人行动自由的那些言语行为，主要包括：

（a）言及听话人某些将来的动作，并因此使其感到不得不去做这一动作，或使之无法避免去做这一动作的言语行为，如命令、请求、提醒、建议、劝告、威胁和警告等。

（b）言及说话人针对听话人的一个未来的动作，并因此使听话人感到不得不接受或难以拒绝这一动作，并可能使之产生负债感的言语行为，如提供、许诺等。

（c）言及说话人对听话人的所有具有某种希冀，使听话人有理由认为或是应该采取行动保护说话人所希冀之物，或是将它送给说话人的言语行为，如赞誉、妒忌或羡慕；表达对听话人强烈的（负面）情绪表达（如憎恨、发怒）等。

威胁听话人积极面子需求的言语行为是指说话人表明他不关心听话人的感情、需求等，在某些重要方面视听话人的需求于不顾的那些言语行为，主要包括：

（a）对听话人的积极面子的某一方面做出负面评价的言语行为，如表示不赞同，批评、蔑视、取笑、抱怨、指责、非难、侮辱、挑战、反驳等。

（b）那些表现出说话人不在乎、不关心听话人积极面子的言语行为，包括表达（无法控制的）强烈感情；提及禁忌话题；给听话人带来坏消息，或说话人自夸的好消息；提出威胁感情或有分歧、有争议的话题；首次会面中唐突地使用称呼语，冒犯了听话人或使其感到难堪等。

2）威胁说话人面子需求的言语行为

威胁说话人消极面子的言语行为主要有：表示感谢，接受听话人的感谢或道歉，请求原谅，接受提供，对听话人过失的反应，不是出于本人意愿的许诺和提供等等。威胁说话人积极面子的言语行为主要有道歉，接受赞誉，自相矛盾，忏悔、承认有罪或有错等。

（二）礼貌的补救策略

布朗和莱文森认为，言语行为本质上是威胁面子的。所以，每一个典型人都会寻求一定的方式去避免这些面子威胁行为，或采取某些策略去减轻言语行为的威胁程度。他要考虑三种需求：(1)要向听话人传递信息的交际需求；(2)要有效地或紧急地交际的需求；(3)要在某种程度上维护听话人面子的需求。如果第二种需求不特别明显，说话人就会尽力减轻面子威胁行为的威胁程度。也就是说，礼貌是为最大限度地维护听话人和说话人的面子所做的努力。因此他们称礼貌为"补救策略"，这些补救策略表明：说话人没有威胁听话人面子的意图，或试图减弱这种对面子的威胁。

布朗和莱文森提出五种补救策略，依次为：(1)不使用补救策略、赤裸裸地公开施行面子威胁行为；(2)积极礼貌策略；(3)消极礼貌策略；(4)非公开地施行面子威胁行为；(5)不施行面子威胁行为。下面分别予以简要的介绍。

1. 不使用补救策略、赤裸裸地公开施行面子威胁行为

"不使用补救策略、赤裸裸地公开施行面子威胁行为"，就是尽可能直接地、清楚明了地向听话人表明自己的意图，其基本模式是："DoX"。一般说来，说话人以这种最直截了当的方式来施行面子威胁行为的策略，是不担心听话人可能的报复。在下列情况下，说话人可以以这种策略来施行面子威胁行为：

情况紧急，或交际效率占据首位，面子需求退居次要地位；

对听话人的面子威胁相当小，或可能没有威胁，如提供、建议等显然有利于听话人的言语行为。

说话人的权势显然高于听话人，或说话人能赢得第三者的支持，诋毁听话人面子的同时不必担心丢自己的面子。例如：

(1)"抓小偷啊！抓小偷"

(2)去睡了罢，不要难为身子。

(3)父亲（对儿子说）："你给我把门关上！"

(4)别碰那个！这很危险。

(5)小心！

(6)听着，我有个主意。

(7)马上回家！

（8）进来吧，别犹豫，我不忙。

（9）别担心我。

（二）积极礼貌策略

积极礼貌策略和下面一节要讲的消极礼貌策略，都使用了补救的策略。使用补救策略的言语行为就是通过给予听话人"面子"，来减轻对听话人可能的面子损伤。积极礼貌策略就是满足听话人的积极面子需求，使听话人所要求的个人形象与说话人在言语行为中体现的听话人的个人形象达到一致。因此，积极礼貌是以"接近为基础的"。说话人表明自己与听话人之间有某些共同之处，以满足听话人的积极面子需求。说话人使用积极礼貌的策略，通常是诉诸友谊或伙伴关系，但这一策略，容易遭到拒绝。因此，通常采用"套近乎"的谈话方式。布朗和莱文森提出了十五个积极礼貌的策略，包括寻求致，避免不和，假设有共同点，表示伙伴关系，提高听话人的兴趣，注意听话人的需要和夸张自己对听话人的兴趣、赞同、同情等。

3.消极礼貌策略

消极礼貌策略主要是说话人意欲部分地满足听话人的消极面子，基本需求是要维护听话人的私人领域和自我决策的权利。因此，它不同于积极礼貌策略，主要是以"回避为基础的"。说话人通过承认并尊敬对方的消极面子的需要，不干预听话人的行动自由来满足对方的消极面子需求。其主要特征是谦让，回避出风头，自制而不夸夸其谈，其注意力放在听话人的个人形象上，集中于听话人不受干预的需求。消极礼貌策略的典型形式是含有情态动词的问句。这一策略在形式上通常比较复杂，表达的语义比较模糊，语气比较委婉，这说明说话人是为了照顾听话人的面子，而不仅仅是有效地传达信息。布朗和莱文森提出十种消极礼貌的策略，包括说话迂回，模棱两可，尊重对方，避免突出个人，表示悲观，道歉，减小对对方的强加等。

4.非公开策略

非公开的礼貌策略是属于补救程度较强的策略，布朗和莱文森视之为减少面子威胁策略中最为礼貌的策略，因为采用这一策略语言对面子的威胁最为间接，说话人采用此策略可以得到的一个好处是，对于自己，可以避免对听话人存在潜在的面子损伤之嫌，会得到说话有策略之赞誉，因为说话人的言语行为比较模糊，使得听话人有可能从另一个角度对之加以理解，这样，说话人对特定的意图就不会有责任。对于听话人，既可以躲避潜在的面子威胁，又可以给他以表现关心他人的机会。如说话人说了"这里很热"，听话人如理解了说话人的意思，就可以说，"哦，那我就打开窗户"。这样，听话人可以得到慷慨、关心他人、考虑周到等赞誉，而于说话人则可以免去乱提要求而威胁听话人的面子之嫌。布朗和莱文森也提出了十五种非公开的礼貌策略，包括暗示、夸张、暗喻、模糊、反语、低调陈述、修辞设问、同义反复等。

四、礼貌和文化价值

布朗和莱文森，以及利奇都认为，他们的礼貌理论具有普遍性，这是他们受到指责的众多原因之一。因此，布朗和莱文森在1987年将书名"语言使用的普遍性：礼貌现象"中的"普遍性"改成"一些普遍的"其实，他们也是清楚地意识到礼貌受文化制约的特性的。布朗和莱文森认为，面子问题虽然是一种普遍的现象，但在某一特定社会中必须进入到文化的深层去理解。他们的"普遍性"只是指：

（1）区分为积极和消极的两种面子，具有普遍性；

（2）以满足对方的面子需求的理性行为，具有潜在的普遍性；

（3）具有面子需求的、能实施理性行为的言语交际者之间的相互知识，具有普遍性。

利奇也认为，在不同文化中，礼貌原则中的各项准则，其重要性是不尽相同的。他指出："东方有些文化社团（如中国和日本）比西方国家有更重视谦虚准则的倾向；操英语的文化社团（尤其是英国）更重视策略准则和反语准则；地中海国家更重视慷慨准则，而不大重视谦虚准则"。经过对比研究之后，他得出结论，礼貌原则是具有普遍性质的，但礼貌原则下的各准则，其重要性因文化、社会、语言环境的不同而有所不同。

因此，在承认礼貌的普遍性的同时，我们还必须认识到礼貌的相对性。也就是说，在不同的文化中表示礼貌的方式方法，以及人们用以判断礼貌的标准具有差异性。这种差异性是和在不同文化中礼貌的不同起源，以及长期历史过程中受社会、历史、地理等一系列文化因素影响而形成的文化价值分不开的。因此，探讨礼貌问题时，我们必须考虑礼貌的文化特征。

礼貌是一种可以观察到的社会现象，一种为达到一定目标的手段，一种约定俗成的行为规范；礼貌的语言和礼貌的行为只是表层的现象，是特定文化价值在语言中的折射，只有深入到文化的深层中去，才能透过这种表象，挖掘出其真正特征，才能成功地解释其本质特征。

礼貌是不同文化背景的人都须遵守和维护的准则。讲究礼貌是人类社会的文明标志，但不同文化背景的社会具有不同的礼貌规范。比如，在所有文化中，谦虚都被看作是礼貌的表现，利奇的礼貌原则也包含了谦虚准则，但不同文化背景的人在遵循这条准则时存在程度上的差异。最明显的例子莫过于东方人（中国人、日本人）和英美人对"谦虚"的不同态度。当人们受到赞扬时，讲英语的人一般都说"谢谢"以表示接受，他们认为，欣然接受对方的赞扬可以避免损害对方的积极面子，因而是礼貌的。而讲汉语的人一般竭力贬低自己，否定赞语的真实性，以示谦虚。中国主人虽然准备了丰盛的饭菜请别人吃饭，仍然会说"没什么菜招待""不会烧菜"之类的客套话，真正把对自身的贬损夸大到了最大限度，以此来表示礼貌。因此，中国人是十分严格地遵守谦虚准则的。这是因为"自卑而尊人"是汉文化中礼貌的核心成分。

隐私在所有的文化中都被认为是重要的，但是，隐私在英语文化中比在汉语文化中受到重视的程度明显要大得多。汉语文化中被认为是礼貌的行为，在英语文化中可能是侵犯了一个人的隐私。在中国人看来，对他人表示关心和热情是礼貌的行为，甚至初次见面也会相互询问对方的年龄、婚姻状况、子女情况、职业、收入等。他们认为，相互询问一些情况可以缩短彼此之间的社会距离。

顾曰国回顾了礼貌这个概念在汉文化中的历史起源，并根据汉文化中的德、言、行的礼貌要求，对利奇的策略准则和慷慨准则进行了修订，同时提出了不同于西方学者的礼貌准则。他认为，礼貌在汉文化中有四个基本要素：尊敬他人、谦虚、态度热情和温文尔雅。尊敬他人指的是对他人的肯定、欣赏、顾及他人的面子、社会地位等；谦虚是贬己的另一种说法；态度热情指对对方的关心、热情；而温文尔雅指自己对他人的言行要符合某种标准。

顾提出的礼貌第一要素——尊重他人，大致相当于维护说话人积极面子的愿望。第四要素—温文尔雅，则体现了礼貌的标准性特征，这在各种文化中是共同的，但迄今为止西方学者似乎未对此进行描述。第二要素——谦虚，其重要性虽然在不同的文化中不尽相同，但在很大程度上也具有普遍性，将谦虚解释为贬己则是中国的特色。第三要素态度热情，则明显具有中国特点。

顾对礼貌的这一描述，兼顾了不同文化中礼貌的共同特点和汉文化中的个体特征，似乎更符合中国的实际情况。

总而言之，礼貌虽然是一种普遍的社会现象，但它又具有文化特征，不同文化对礼貌行为有不同的要求，不同文化赋予礼貌不同的内涵。若要解释礼貌的文化特征，我们就需要探讨文化价值观。

第二节 语用学视角下沟通的反讽认知

反讽是一种十分常见的语言现象。据统计,在流行的电视访谈节目中,平均半小时出现4例反讽;如每天看两小时电视,一年可听到5800例;此外,在英美文学作品中,平均每4页就有一例反讽。作为一种非直义句,反讽对各种语言理解理论均有某种挑战性,因而引起西方哲学家、语言学家和认知科学家越来越浓厚的兴趣。在对非直义语的研究中,反讽仅次于隐喻,居第二位。但我国语言学界对反讽的研究相对滞后。

一、修辞的反讽艺术研究

从词源学来讲,"不忠心的人"最早见于柏拉图的《理想国》。在柏拉图的《理想国》中,它用来形容那些受到苏格拉底嘲弄的人,其意思接近于"让人上当的圆滑而卑下的手段"。在《大希庇阿斯篇》中,苏格拉底就是运用反讽的手法,在故作无知的追问中驳斥了希庇阿斯的种种关于美的定义,最后得出"美是难"的结论。可见,希腊人十分重视修辞术,正如亚里士多德所说:"希腊人曾经是一个有政治头脑和能言善辩的民族,言语的艺术是影响别人的重要手段,非常有用,就像今天在一个民主国家里那样。"

传统反讽就是在这样的历史文化语境下产生的。亚里士多德用反讽来指称一种"自贬式伴装"的语言的运用。在《亚历山大修辞学》中,反讽就是"指演说者试图说某件事,却又装出不想说的样子,或使用同事实相反的名称来称述事实"。他为反讽所下的定义是:通过谴责而赞扬或通过赞扬而谴责。此时,"不忠心的人"这个起初指行为方式的术语,发展为一种以表面的褒扬实则责备或者表面的责备实则褒扬来达到一种语言修辞的效果手法。到古罗马,西塞罗将它限定为一种辞格,或是一种苏格拉底式的作为谈话习惯的反讽。后来修辞学家昆体良又把它扩展为辩论中对付敌手的方式和整个辩论的语言策略。直到十八世纪的

200多年里，反讽概念并没有太大的演变，它仍然主要是充当辞格使用，被定义为"说与本意相反的事""言在此而意在彼""为责备而褒扬或者为褒扬而责备"和"进行嘲笑和戏弄"。

由此可以看到，传统反讽以修辞学为基础，主要探讨反讽现象的定义。以苏格拉底时期为界。苏格拉底之前，反讽内涵是否定的，主要是说大话或轻蔑，含有嘲笑、欺骗和伪装的意思。苏格拉底之后，定义发生了变化，既有否定的一面，又有肯定的一面，定义基本维持在意义与所说的相反这一基本层次上。可见，这种修辞学意义上的反讽大多是字面反讽，主要停留在语言文字的层面上。

二、创作原则与表现方法的反讽艺术研究

十八世纪末十九世纪初的反讽概念被扩大为整个文学创作和世界存在方式的思维方式和生存态度。在德国浪漫主义尤其是斯莱格尔兄弟等人的努力下，反讽已经不再是一种局部性的修辞手法，而是向形而上层面扩展，成为一种文学的表现方法和创作原则。

在《英国浪漫主义反讽》一书中，安妮·迈勒为这个概念给出了较为明确的定义："浪漫主义反讽是一种意识形态，或是一种世界观在文学中相应的模式，艺术家把整个世界看作是无限丰富的混杂状态，是不可预知的，人的存在是有限的，他对无限的认识免不了带有片面性，因而造成人的意识的有限性甚至是错误性，冲突、矛盾、摇摆和漂移是精神生命的内在本质，是精神生活活生生的现实。同时，人的意识又处于一个不断变化和发展的过程，它们构成了人的二重性，而这种二重性造成了人身上的两种基本冲动，它们表现在艺术家身上就是两种相互对应的活动：一种是积极的、能动的、创造性的，可称之为自我创造的热情；另一种是对创造热情起反作用的、限制的、自我毁灭或自我限制的因素。反讽艺术家热切地投入到艰难但又令人兴奋的自我创造与自我毁灭的平衡中去，在他的作品中有意地保持一种介于生成与肯定以及反思与怀疑之间的动态平衡。"

德国浪漫主义反讽观的理论出发点主要是指出作家描述态度的种种矛盾对

立:"因为为了写出优秀的作品,他必须既是创造性的又是批判性的,既是主观又是客观,既是热情洋溢的又是讲求实际的,既是诉诸感情的又是诉诸理智的,既是受下意识的灵感所激发的又是清醒自觉的艺术家,其作品在描述世界,然而又具有虚构性,他觉得有责任对现实做出真实或完美的描述,但又知道这是难以完成的",具体在作品当中,主要表现为:作品的主题有时候会存在着多重悖立的现象;作品当中的各种意象或各种人物形象有时候会存在着矛盾多义性。

德国浪漫主义将反讽修辞手段转变成具有哲学立场的反讽,在这里,反讽是自相矛盾的,这种矛盾对立的态度既反映了现实世界的对立又表明了文学与现实的对立,它既包含整体又包含对整体的分解,既包含秩序又包含对秩序的破坏。它们打破了以往对于世界的单一的看法和作者单一的艺术道德价值观,显示出了对世界、对人生的辩证理解,从而具有了某种后现代的意味。

三、诗歌形式的反讽艺术研究

二十世纪上半叶,英美新批评派对反讽理论做出了突出贡献。他们把语言现象的反讽和作为哲学概念的反讽紧密结合起来,把反讽演变成全面的诗的"本体性"原则。

1921年,艾略特在《玄学派诗人》中提出,玄学派诗的特征是"理趣与反讽"。次年,瑞恰慈提出诗必须经得起"反讽式关照",他认为,语境对于理解词汇的内在含义十分重要,一个词的意义就是"它的语境中缺失的部分"。1930年,新批评派诗人、批评家威廉·燕卜荪在《朦胧的七种类型》中,将反讽理论运用于实际批评,以大量实例为旁证,定义了朦胧的七种类型。1947年布鲁克斯在其发表的《悖论语言》中指出,理想的诗歌语言应是一种表面上荒谬而实际上真实的悖论语言:"悖论正合诗歌的用途,并且是诗歌不可避免的语言。科学家的真理要求其语言清除悖论的一切痕迹;很明显,诗人要表达的真理要求其语言清除悖论的一切痕迹;很明显,诗人要表达的真理只能用悖论语言。"

他进一步把悖论的使用范围从语言扩展到结构,认为它是诗歌区别于其他问题的一个基本特征。诗人在创作中有意对语言加以违反常规的使用，用暴力扭曲词语的原意，使之变形，并把逻辑上不相干的甚至对立的词语联结在一起，使之相互作用，相互碰撞。诗意就是在这种碰撞、不协调中产生的。布鲁克斯进一步指出，悖论就是诗歌语言和结构的各种平面不断地倾斜，产生种种重叠、差异和矛盾。虽然，在这里布鲁克斯并没有直接提出反讽这一概念，但这里的悖论概念与他后来提到的反讽概念内涵基本一致。

在 1949 年发表的《反讽———一种结构原则》中，布鲁克斯把反讽作为诗歌的一种结构原则来予以阐释。他对反讽下了一个定义："语境对于一个陈述语的明显歪曲，我们称之为反讽。举一个最简单的例子，我们说这是个大好局面；在某些语境中，这句话的意思恰巧与它的字面意思相反。这是最明显的一种反讽——讽刺。这里意义完全颠倒了过来：语境使之颠倒，很可能还有说话的语调标出这一点。"他所说的反讽，是指文学作品中由于词语受到语境的压力，造成意义扭曲形成的能指与所指之间的对立的语言现象，这也是诗歌语言与科学语言的根本区别。

新批评派并不把反讽视为一种修辞格，在他的反讽概念中引进了语境理论，把反讽纳入语境当中去进行分析观照，把反讽看作是诗歌语言的根本特征，把反讽从修辞技巧提升为一种作品的宏观分析。但是，新批评对反讽概念的运用显然过分扩大了其内涵，布鲁克斯自己也曾意识到这一点："我无疑是过多地使用了'反讽'这个词，也许有时还滥用了这个名词"，"我们无疑把这个词的意义扩展得过分了"。

在这里，反讽成了一种诗歌创作原则，作为语境对陈述语的歪曲，反讽这一概念虽然保留了言意相异的古意，但失去了反讽的"讽"的意味，成为悖论的代名词。而上述问题也成为新批评的反讽概念遗憾的跛足。

第五章 语用学视角下沟通的语境、预设与元话语

第一节 语用学视角下沟通的语境

一、引言

语言的使用与语境息息相关，同样的语言在不同的语境下可能表达不同的意思。若不明白这一点就容易出错甚至闹出笑话。且看下面例子：

（1）几位中国同学邀请刚来华学汉语的外国男生吃饭。其间，一名中国同学说"出去方便一下"。外国学生不懂其意，大家告知这是去上厕所。这名学生记住了。有一天，一名女生希望在他方便的时候去拜访他，这位留学生立即摆手，"你什么时候都可以来，但就是我方便的时候不能来"。

这位留学生显然没有弄清楚在不同的语境下"方便"表达的不同意思。语境对于话语理解的重要性已经得到学界的共同关注，如西槙光正所言，"社会语言学、心理语言学、功能语言学、语用学、语义学、交际语言学、话语语言学、模糊语言学乃至电子计算机语言学等都强调语境在该研究中的重要性"。语境这一概念对于语用学来说更是核心概念，甚至"语用学通常被看成语境学"。下文就语境这一概念的由来与发展以及其功能作简要介绍。

二、语境研究的由来

最早把语境看作语言学概念的是德国语言学家魏格纳。早在1885年，他就认为语言的意义只有根据语境才能确定，并认为语境因素大致包括说话时的客观情景，受话人能够直接联想到的话语相关因素，还有人的心态，特别是交际双方对各自身份的认知。然而，真正在学界引起热烈反响的当数人类学家马林诺夫斯基所做的研究。他于1923年提出了"情境语境"概念，即与语言交际活动直接相关的客观环境，又于1935年提出"文化语境"的概念，即语言交际活动参与者所处的整个文化背景，将语境研究推向新的高度。下文将简要描述语用学之外的相关理论对语境的描写，概观语境研究的发展过程。

(一)功能语言学下的语境观

马林洛夫斯基的语境思想得到功能语言学相关学者的关注,主要人物有弗斯和韩礼德。弗斯对"情景语境"进行了语言学改造,将情景语境因素归纳为三种:参与者的有关特征,包括言语活动和非言语活动;相关事物;言语活动产生的影响。作为弗斯的学生,韩礼德对弗斯的情景语境理论作了进一步发展,他注意到语言的三大元功能即概念功能、人际功能以及语篇功能的实现会分别受到话语范围,即语言发生的具体环境;话语基调,即参与者之间的角色关系;话语方式,即语言本身所发挥的作用以及语言交际所采用的渠道或媒介等情景语境因素的制约。

(二)语义学下的语境观

语义学家之间存在两种极端看法:卡茨和福多等学者认为语义学不应考虑语境中的句子义;而弗斯却认为语境甚至是他分析语言意义的"技术手段",并把他的整个语义学理论都建立在语境这一概念的基础上:语境中又有语境,每个语境有不同的功能,整个语境网络就构成了文化语境。由于语义学探讨的是相对静态的意义,主要是通过对词以及句子成分进行(逻辑)分析来研究词或句子(间)的意义,对语境的研究也通常是对影响语义的一些变量进行静态或宏观分析。譬如,莱昂斯大篇幅介绍了他的语境观,认为在具体情形下从语言系统中选取具体的音韵、语法以及词汇选项应具备六种知识或能力:

(1)每个参与者必须知道自己在整个语言活动中所起的作用和所处的地位。

(2)每个参与者必须知道语言活动的时间和空间。

(3)每个参与者必须能够辨别语言活动情景的正式程度。

(4)每个参与者必须知道对于这一情景来说,什么是合适的交际媒介。

(5)每个参与者必须知道如何使自己的话语与语言活动的主题相符合,以及主题对方言或语言(在多语社团中)的重要性。

(6)每个参与者必须知道如何使自己的话语与语言活动的情景所属的领域和范围相符合。

利奇在其著作《语义学》一书中表示,在基于分析法的语义研究中,语境意义应被看作而且只能被看作使用者所掌握的各种潜在的意义的可能范围及其程度。他以put-on为例进行了说明，假设"put...on"用于如下三种语言语境下：① put X on（把X的开关打开），② put X on oneself（把X穿在自己身上），③ put X on（something else）（把X放在……上）。如果X是电热毯、收音机或者木头，将这三个变量都带入语境①，②，③中，它们在"put-on"这一结构的各种语境中的适用性是不一样的。

（三）社会语言学下的语境观

这方面的语境研究主要以海姆斯为代表，他把语境变量归纳为场合，参与者，目的，行为序列，基调，交际工具，交流和理解的规范以及话语类型或体裁等8类。

总之，社会语言学将语境看作相对静态的场景、上下文、参与者的知识成分等因素的汇合或相对宏观的文化背景，从而研究特定语境中的词汇或句子的特定含义。

三、语用学下的语境观

如今，语境这一概念已经与语用学联系起来了。众多哲学家—特别是处于研究初期的卡尔纳普——都认为语境是一个与语用学而不是语义学紧密相连的概念。由于早期的语用学在某种程度上可说是哲学的副产品，因此，语用学中关于语境的研究一开始就与哲学有着紧密的联系。譬如，日常语言学派哲学家维特根斯坦通过观察孩子的游戏，发现角色是在游戏中动态地体现出来的，从而推断语言的意义也是在特定语境中体现出来的。比如当我们问"5"这个数字是什么意思时，我们实际上是在关注它是如何使用的。奥斯汀指出说话的场合很重要，所使用的词的意义在某种程度上要结合原本设定好的或实际上已在语言交际中体现出的语境才能得到解释。格赖斯等也都论及语言意义在具体情形（也就是语境）下的使用问题，在此不详细讨论。下面主要关注语用学家是如何论述语境的。

莱文森在语用学奠基之作《语用学》一书的前言里就明确指出，该书中的语境概念只包括一些基本参数，如参与者的身份、角色、居住地、对参与者拥有的知识或理应知道的内容的假设以及会话产生的地点等，并声明有些语境因素，如社会交往原则以及许多具有文化差异性的原则等是被排除在外的，原因是为了遵循哲学语言学的传统。黄衍总结了一个不囿于一家之言的关于语境的一般性定义：语境就是系统地使用一个语言单位的动态环境里的任何相关的东西。它包含不同的来源，如物理的、语言的、社会的以及共有知识的。当然，这并不意味着语用学家们对语境的本质有了一致的认识，"语境的复杂本质以及语境自身都具有语境敏感性，使得要给出一个学界共享和认可的定义甚或理论视角都是不可能的，通常都只能描述或捕捉语境的某一个小的方面"。

无论语义学家还是语用学家都认识到语境的宏观与微观维度，而在另一个维度即静态与动态方面，语义学家主要关注的是语境的静态性，而语用学家们则逐渐强调语境的动态性、开放性和建构性。斯波伯和威尔逊认为，语境的构成在整个话语进行的过程中都是开放的，不断进行着选择和修正。语境不是事先设定好的，而是一个在话语中不断形成和变化的过程。根据关联理论，建构语境是以寻求最佳关联为指针的，当说话人发出话语后，听话人会将该话语所表达的假设以及话语本身当作一种给定的直接语境，这一语境是一种初始语境，如果在这一语境中不能找到最佳关联，听话人需要不断地扩充语境，直至获得最佳关联。语境可以通过三种方式不断扩展，一是调取已有的或推导出的假定加入语境，二是加入关于已经进入语境中的概念和假定的百科知识，三是关注周围环境的信息，能够产生关联的信息都可进入语境）。维索尔伦作为欧陆学派的代表之一，十分强调语境的动态性。他指出语境是个动态的而不是静态的概念。因为环境是持续变化的，所以参与者能够在交际过程中互动，语言表达能够变得可理解。维索尔伦用图表现了语境的动态建构：

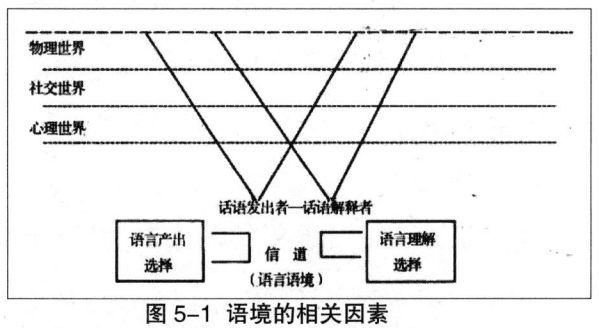

图 5-1 语境的相关因素

他指出，图中的三个世界不是截然分开的（因此用虚线表示），话语发出者和话语解释者也不是对立的，在实际的场景中常常相互换位。物理世界、社交世界和心理世界对说话人和听话人的话语产生与话语理解都会产生影响。说话人和听话人的视线（各由两条斜线构成）在物理世界、社交世界和心理世界的交汇处便是影响当前交际的语境因素，而这些因素都会随着二者视线的变化而发生变化，各种世界中的因素若并未渗入到交际过程中也就不一定算是语境因素，因而语境是交际双方动态选择的结果。比如一只蚂蚁从说话人的脚边爬过去，其基本上不参与话语建构，就谈不上是语境因素。除非它以某种方式介入双方的交谈，便可成为语境的一部分。

四、语境的制约功能

语境对话语有制约作用。制约作用是指在特定的语境下应该说什么样的话，如早上问候别人通常说"早上好"，如果说成"晚上好"就不合语境了。再如下列对话：

（2）甲：坐过来一点，上次给你补药你不是要赶回家吗？补了几天药啊？到这边来一点。上一次给你调整药啊，你回家用了多长时间？

乙：没几天吧。四五天。

甲：四五天，那晚上睡觉怎么样？

乙：然后睡觉就觉得白天醒的时候，就白天又想睡……

若设想这一会话最可能发生的场合，我们可能首先就想到是发生在医患之间的对话。这说明语境与会话内容有对应关系，在不同的语境下会话的内容和方式也相应不同。下面，我们具体介绍语境的几种主要功能。

（一）语境对词义的选择功能

1. 确定指示对象

一句话无论语法多么正确、字面意义多么清晰，离开语境的限制作用，很多内容可能让人无法理解。如列文森所举的一个广为引述的例子，假设在海上捡到一个瓶子，里面有一张纸，上面写着如下一句话：

（3）一周后带这么大一根棍子到这里来见我。

由于没有语境，读者会感到很困惑。"一周后"是什么时候？是从写这句话的时候算起还是看到这句话的时间算起？"这么大"是多大？"这里"是哪里？是指写这句话的人的地点还是看到这句话的人的地点？"我"是谁？在这短短的一句话里，就涉及时间指示、地点指示和人称指示（详见本书第六章）。但是假如这是一位老师在某一特定的时间和地点对一位总是无法按时完成作业的小学生说的话，那么这位学生一定能够知道下次再见老师的时间和地点以及要带的棍子的大小。

2. 扩大词义

词汇的词典意义是稳定的，但是一旦进入不同的语境中，词义就可能发生变化，通常不外乎词义的扩大与缩小。下面的例句就清晰呈现出词义的持续扩大：

（4）a. 这块烫衣板是平的。

b. 我家的花园是平的。

c. 我家周围是平的。

d. 我们国家是平的。

e. 大地是平的。

最接近"平"的词典义的应当是 a 句中的"平"的含义，通常指光滑的表面，b 句指粗糙的平整，c 句泛化到地形的平坦，再到 e 句的平坦已经大不同了。

3. 缩小词义

词义的缩小是指在具体的语境中词汇表达的意义比编码义更具体的情形。如下例：

（5）有空咱们喝几杯？

表示把流质的东西咽下去这一动作原则上都可以用"喝"。但本例中的喝实际上只指其中的一种，就是喝酒的意思。可见词义在语境中具体化了。再如：

（6）a. 抽屉里有钱。

b. 他有钱。

比较 a，b 两句中的"有钱"，前者是一般用法，抽屉里有一分钱也是有钱，但在 b 句中，词义明显缩小了，这里的有钱单指有很多钱。

（二）语境对句义的选择功能

1. 消除歧义

歧义句是非常普遍的语言现象，脱离语境，通过语义分析，只能确定歧义句到底表达了几层含义，却无法消除歧义。如下例：

（7）她是去年生的小孩。

这里的"她"可能是一位母亲，也可能是个婴儿。在具体的语境中，歧义的消除是很容易的。由于语言的线性特征（即人在处理语言时的线性模式），在交际中，言语的歧义必须能够在某种层面上得以消解，否则就会引起困惑。放到特殊的语境中歧义句还可表现出不凡的语用效果，尤其是在广告语篇中。如下例：

（8）实不相瞒，天仙的名气是吹出来的。（天仙牌电风扇广告）

这里的"吹"似乎有三层含义，一是字面义"吹风"；二是"吹牛"；三是，对于广告，受众可能是根据"吹牛"的说法把做广告的行为也叫作"吹广告"。从语言交际上看，这条广告的效果是不错的。主要原因在于，在电风扇广告这一具体语境下，"吹"的三层意思都较为自然地表达出来，无牵强附会的感觉。然而，在上下文语境中，由于"实不相瞒"后面往往接带有否定性的、真实的内容，使得这条广告的自嘲意味（"吹牛、吹广告吹出来的"）似乎多于产品质量的宣传（"靠吹风质量好吹出名气来的"）。

2. 支持含意推导

说话人经常在交际中使用某些暗示性话语，要理解其中的含意更需要结合语境信息进行推导。如下例：

（9）一次同学聚会后，甲的好朋友乙发现甲在聚会上与他们的大学同学丙颇为暧昧。

乙：我发现丙还是那么帅气呢。

甲：是啊，我跟他今天挺聊得来的。

乙：听说他有家庭了？

甲：我要是看上谁，是不在乎他手指上是否有戒指的，有小朋友的更好。

不难看出，甲和乙的每句话都有含意。乙表面在说"听说他有家庭了？"但暗含着"但是他已经结婚了，你已经没有机会了"的意思。甲的回答则暗示"他即便结婚了我也愿意争取"。这些含意的推导首先是基于甲和丙在聚会上的表现，然后根据对话的上下文语境推导出来的。还有含意与字面义不同甚至相反的情形，如：

（10）你穿的衣服真好看！

若某人穿的是新衣服，且得体，那么这句话就是夸奖。若某人穿的衣服很脏，不得体，比如在冬天的寒风中只穿一件衬衫，那么这句话就是讽刺或反语。

（三）语境对交际者关系的选择功能

话语本身可以传达一定的信息，如说话人对双方的熟悉程度、身份、话语权力等信息的认识和预设。然而，同样的话与不同的语境互动可能产生不一样的结果，不同的语境可能对会话双方的关系进行重构。下面对语境的这一功能进行简要的分析。

1. 确定人物关系

称呼语（详见本书第九章）的使用可以显示出说话人与听话人的亲疏程度，但有时候同样的称呼语在不同的语境中会有不同的表达效果。如下例：

（11）胡文玉见她那样，只好停下来，装出委屈的神情说："许凤同志，这是怎么回事？"
许凤咬牙切齿地说："谁跟你是同志，走！"

（电视剧《战斗的青春》）

在电视剧《战斗的青春》中，胡文玉与许凤一段时间既是上下级关系又是恋人关系，自然是非常熟悉的。"同志"这一称呼在抗战年代具有高度政治认同含义，胡文玉称许凤为同志不仅想表明他与许凤的熟人关系，还想说明自己与她是同一战线的战友。然而，胡文玉的变节使得许凤拒绝这一称呼，以此拉远彼此间的距离。

2. 确定话语身份

陈新仁归纳了社会建构主义身份观的一些基本共识：身份既不是给定的，也不是一个产物，而是一个过程；身份不是简单地源自个体，而是来自磋商过程和具体语境等。既然身份是动态的、磋商的，那么一定是在具体的语境中反映出来的。反过来说就是语境对话语双方的身份进行了选择。例如，一般情况下，父亲与女儿间的对话通常是随意的、家常的、温馨的，但是事实不一定都如此，如下例：

（12）元妃又向其父说道："田舍之家，虽齑盐布帛，得遂天伦之乐；今虽富贵，骨肉分离，终无意趣。"贾政亦含泪启道："臣草芥寒门，鸠群鸦属之中，岂意得征凤鸾之瑞。今贵人上锡天恩，下昭祖德，此皆山川日月之精华，祖宗之远德，钟于一人，幸及政夫妇……贵妃切勿以政夫妇残年为念。更祈自加珍爱，惟勤慎肃恭以侍上，庶不负上眷顾隆恩也。"

（曹雪芹《红楼梦》第十八回）

贾政与元妃本是父女，但元妃却不称其为父亲，且言语简短，而贾政虽是父亲，却称女儿为贵妃，称自己为臣或"政"，且话语冗长、正式，完全不是常规意义下的父女对话，因为在该语境下，话语要构建的主要是贵妃与臣下的身份，而非父女身份。

3. 确定话语权势

相传明太祖朱元璋称帝后，一位多年前的同乡前来找他，希望能得到赏赐，在朝堂上讲起他们小时候的故事：

（13）从前，我们两个都替人家看牛，有一天，我们在芦花荡里，把偷来的豆子放在瓦罐里煮着。还没等煮熟，大家就抢着吃，罐子都被打破了，撒下一地的豆子，汤都泼在泥地里。你只顾从地下满把地抓豆子吃，不小心把红草叶子也吃进嘴里了，叶子哽在喉咙口，苦得你哭笑不得。还是我出的主意，叫你用青菜叶子放在手上一柄吞下去，这样红草的叶子才一起下肚了。

杜婷《细节决定一切》

说话人本意是想通过叙旧向听话人描述自己的功劳从而得到赏赐，然而却被朱元璋一气之下赐了死罪。朝廷作为皇帝与文武百官商议天下大事的办公地点，在朝堂上君臣之别得到凸显，用语应该非常的谨慎和正式。再则封建社会里皇帝常被认为是"天子"，生来即是万金之躯，超越众生，因此，尤其忌讳外人知道自身的短处。然而说话人并没有注意语境，没有认识到他们虽然曾经是平等的小伙伴，如今的地位却是天壤之别，没有看到话语权势的不同，尊卑不分，以"我们""你""我"相称，在当时的社会语境下无疑会因此丢掉性命。

（四）语境对话语方式的选择功能

除了对词义、句义等微观层面的选择外，从更宏观的社会语用角度看，语境还对说话人的说话方式有制约作用。粗略地说，说话方式有直接与间接、礼貌与不礼貌、得体与不得体之分。这几个维度无法穷尽话语方式，但无疑是比较主要的方面。此外，这几个方面无法截然分开，如得体往往意味着礼貌以及间接，但也不是必然，间接不一定意味着礼貌，礼貌也不一定意味着得体。所以，为说明问题，作此区分仍有意义。

1. 选择直接与间接

所谓直接与间接，具体到言语行为，就是越不加修饰甚至粗鲁地表达个人意图，就越直接，反之就越间接。选择直接或间接的表达方式要看语境，并非越直接或越间接越好。例：

（14）点完名，刘大嘴高举着花名册，脸上露出了悲壮的神色，一字一顿地说："除了炊事班，全连141个弟兄，都给我听清楚了——你们家里还有老爹老娘、老婆孩子，他们都眼巴巴盼着你们，谁要是死了，就是不孝之子乌龟王八蛋！我就是跑到阎王殿，也要把他抓回来！"（天夫《一个都不许死》）

在即将投入一场有去无回的大战前，连长刘大嘴命令炊事班做战士们很久不曾吃的东北家乡菜等他们回来。出发前，刘大嘴用了极其直接甚至粗鲁的话语要求战士们都要活着回来，目的是体现他对生命的重视，对战士的不舍。如果换成儒雅、委婉的说话方式，那就不是铁血军人的气度了。一番话毕，战士们斗志激昂，141人英勇决战，全部阵亡。但是，如果是在日常交往中，用语一般应当选择间接的表达方式，以体现文明、平等、礼貌等。

2. 判断礼貌与不礼貌

同样一句话，在不同的语境中，可能是礼貌的，也可能是不礼貌的。

比如：

（15）麻烦你把这份文件打印出来一下，我马上要用。

"麻烦"是因为自己要求别人做事而表示歉意的表达。如果说话人是位公司董事长，听话人是秘书，作为秘书，文件打印之类的事是分内事，那么这句话是很礼貌的。但是，若反过来，是秘书对董事长说的话，无论理由有多么充分，这句话都是欠礼貌的，因为秘书要求董事长为其做一件不是分内的事，措辞就应当更加委婉和礼貌。

3. 确定得体与不得体

得体与否还有一个同义词就是"合适"与否，做出一个合适的话语选择需要考虑多种因素。如社会的、认知的、人类学的、文化的以及个人的等等，简单地说就是交际应当基于人的情感达至一种平衡状态这一前提。那么，在特定的语境下就应当说特定类型的话，如果话语与语境不匹配，就会产生不好的效果。如下例：

（16）"兄弟们，姐妹们……晚上好。"

仅就这句话而言，本无所谓得体与否。但此句是一位现任教皇在向广大信徒介绍继任教皇时所说的一句话。我们知道，天主教皇的就任仪式对全世界的天主教徒来讲都是一件大事，上一任教皇向广大信众现场引荐新任教皇有一套隆重而固定的仪式和用语。卡菲认为，上一任教皇一般情况下在说完称呼语后紧接着应该说诸如"上帝与你同在"之类的话，然而，教皇弗朗西斯在说出这句话之前不仅有一个极少有的较长停顿，后面竟然说的是"晚上好"。卡菲认为这种与期望中的语言常规、语境以及互文语境的偏离是不合适的。因此，要明白在什么情况下说什么话是十分必要的。

第二节 语用学视角下沟通的预设

一、引言

预设是语义学、语用学共同的重要课题。1892年德国哲学家弗雷格在《意义和指称》一书中首次提出"预设"的概念,一百多年来,罗素、斯特劳森、塞勒斯等著名学者都曾在预设这课题研究上做出了自己重要的贡献。

我国于二十世纪八十年代前后引进"预设"这一概念,早期曾将它译作"前提"、"先设",现在一般译作"预设"。虽然译名基本统一了,但是学者们在预设的许多相关问题的认识上意见却并不一致,例如在预设的定义、特征、分类等基本问题上就存在分歧,且研究方式以引进国外理论为主,与汉语实际结合不紧密,因而这一课题有待进一步深入研究。

二、预设的定义

总体来看,关于预设的定义可以区分为语义学性质的和语用学性质的。从语义学角度看,预设是一个语句为真的必要前提;从语用学角度看,预设是说话人在发出特定话语前假定为真或存在的东西,或者是说话人与其发出的特定语句能否在给定语境中具有得体性之间的关系。相应地,前者隶属语义预设范畴,而后者隶属语用预设范畴。从语用学角度看,"预设"的定义至少包括下面三个方面:

(一)预设不是话语断言而是话语暗含的内容

预设是话语暗含的内容,不是话语断言或明说的部分,不是话语的信息焦点所在。吕叔湘在《语文常谈》中说:"语言的表达意义,一部分是显示,一部分是暗示,有点儿像打仗,占据一点,控制一片。"这表明,预设是话语中"暗示"的一部分(但未必是全部,因为会话含意也是暗示的内容)。例如:

(1)老李的女儿是学生干部。

例(1)含有预设(2):

(2)老李有女儿。

（2）是例（1）暗含的意思，而不是例（1）断言的意思。例（1）断言的意思是"老李的女儿是学生干部"。

（二）预设是话语成立或合适的先决条件，是已知信息

预设是当前话语成立的先决条件，是前提（因此 presupposition 早期也曾被译作"前提"），是说话人发出当前话语的必要条件，如果预设的内容不成立、不存在、不为真，当前话语就无从谈起，没有意义。以（1）为例，如果（2）不成立，即"老李没有女儿"，那么例（1）"老李的女儿是学生干部"就无从说起，除非是刻意撒谎。因为预设是所在话语成立或合适的先决条件，所以驳斥预设是驳斥含有此预设的话语的一个有力做法。

因为预设是话语成立的先决条件，是说话人设定的在话语之前就已存在的事实，所以在语流中，预设出现在含有预设的句子之前是合适的，出现在含有预设的句子之后是不合适的、荒谬的。例如：

（3）老李有女儿，老李的女儿是学生干部。

（4）老李的女儿是学生干部，老李有女儿。

例（3）的表达很自然，先说"老李有女儿"，然后以此为前提，在此基础上谈论"老李的女儿"的情况，前句为后一句做了铺垫。后一例的表达则很不自然，因为在前一句子中已经知道了"老李有女儿"，后面再来重复一遍，就显得多此一举。

（三）预设往往以语言结构为依托，是言内之意

预设不是无中生有、主观臆造的，一般来说是有据可依的，它的依据就是它所在语句的语言结构。所谓"语句的语言结构"就是我们下面将要谈到的预设触发语，它有各种不同的形式，如词语、短语、句子等。预设是话语本身传达的，而非借助背景知识加以推理而产生的，因此这是一种言内之意，而不是言外之意。

徐盛桓认为预设分为广义、狭义两种，广义的预设是指"交际双方预先设定的先知信息"，不定需要依托特定的语言结构，而狭义的预设"是由言语片段而且唯一的也只由言语片段来确定的信息"。

王宗炎认为预设是"说话和写作时假定对方已知晓的信息"。例如：

（5）A：你今晚要去参加聚会吗？

B：是的，我会带上克里斯蒂娜。

王宗炎认为"这个对话有如下几个预设：A 和 B 都知道晚会的地点、晚会开始的时间、晚会的性质，以及谁是克里斯蒂娜"。何自然对"前提"（预设）的认识与王宗炎类似，认为"同一话语可能因语境不同而暗示不同的前提"，如话语"天下雨啦！"就可能有"久旱无雨""连续阴雨天""讨论旅行计划"等不同的前提。

可见，王宗炎、何自然等学者所讲的广义的预设其实是一种扩大化的预设，实际上就是交际双方对于当前话语共同拥有的已知信息，是日常意义上的会话"前提"，随语境变化而变化，主观性很强。本章所说的预设只限于狭义的，也就是通过语言结构可以推断出来的已知信息。

综上所述，"预设"的完整定义可以表述为：预设不是话语断言，而是话语暗含的、可以根据当前话语的语言结构推断出的、影响话语成立或合适的先决条件。

三、预设的特征

狭义的预设具有下列特征：

（一）能通过否定测试法

预设最基本的特征就是能够通过否定测试法，也就是说，肯定句中含有的预设在其对应的否定句中依然成立或存在。例如，前面句（1）的否定形式"老李的女儿不是学生干部"依然含有（2）这个预设。预设的这个性质用公式表示则是：$A > B \sim A > B$（$\sim$ 表示否定，$>$ 表示"……为……预设"）

能否通过否定测试法是区分预设和蕴含的法宝。蕴含不能通过否定测试，也就是说，肯定句中含有的蕴含在其对应的否定句中不一定继续存在，即：$A > C \sim A > C / \sim C$

仍以（1）为例：该句蕴含了"老李的女儿是学生"，但其否定形式"老李的女儿不是学生干部"就不一定有蕴含"老李的女儿是学生"，因为"不是学生干部"否定的可能是学生也可能是干部。预设与蕴含存在这种差别，原因在于否定句主要是对句中的焦点信息进行否定，而预设不是句子的焦点信息，所以否定语句不会影响到它，因而它能通过否定测试。而蕴含是句子焦点信息的一部分，蕴含的句义常常和原句句义之间存在着上下位关系①，对句子的否定可能正好落在蕴含上，所以它往往不能通过否定测试。

（二）具有可传递性

分为以下两种情况：

A. 如 X 以 Y 为预设，Y 又以 Z 为预设，则 X 以 Z 为预设。例如：

（6）∵我知道他又搬家了，他又搬家了

∴他又搬家了＞他以前曾搬过家

X 我知道他又搬家了，他以前曾搬过家

B. 如 X 以 Y 为预设，Y 又以 Z 为蕴含，则 X 以 Z 为预设。例如：

（7）∵低飞的自行车很危险，有的自行车会低飞。

有的自行车会低飞，有的自行车会飞。

∴低飞的自行车很危险＞有的自行车会飞。

这两种情况表明，话语的预设所包含的预设或蕴含也是本话语的预设。

四、预设的触发语

所谓预设的触发语，就是可能导致预设产生的语言结构，包括词语、短语结构和句型。前人多以英语为例进行分析，这里尝试结合汉语进行分析。

（一）词语

根据词语的语义特点，可以分为以下几类：

1）表示重复、反复的词，如："也""又""再""还""还是""仍然""依然"等。例如：

（8）难道我也有什么"罗汉""真人"给我些香不成？＞有人有"罗汉""真人"给了些香。

（9）二人站在廊檐下，蒋玉函又赔不是。蒋玉函已赔过不是。

（10）我仍旧还服侍老太太去。＞我原本是服侍老太太的。

（11）以后再顾三不顾四的混管闲事了？以后还单听你叔叔的话，不听你婶婶的话了？＞以前顾三不顾四的混管闲事，单听你叔叔的话，不听你婶婶的话。

2）表示状态变化的词，分三类：

A. 表变化的动词，如："开始""停止""继续""失去""痊愈""改正""戒"等。例如：

（12）我们现在开始,上课。＞之前我们没上课。

（13）老李停止打老婆了。＞老李以前打老婆。

（14）他已经戒烟了。＞他过去抽烟。

3. 表变化的句末语气助词"了"。例如：

（15）现在他是大学生了。＞他以前不是大学生。

（16）如今来回老祖宗，债主已去，不用躲着了。＞原先要躲着债主。

C. 表变化的副词，如："越发""越加""越来越""才"等。例如：

（17）你越来越粗心了。＞你原本就粗心。

（18）真真这凤丫头越发贫嘴了。＞这凤丫头原来就贫嘴。

（19）宝玉见他才有汗意，不肯叫他起来。他以前一直没有汗意。

3）叙实谓词一以事实小句作宾语，说明描述跟这一事实相关的情况，分两类：

A. 知晓类："知道""明白""明了""清楚""晓得"。例如：

（20）连官场中都知道我厉害吃醋。≥我厉害吃醋。

（21）这个孩子扮上活像一个人，你们再看不出来。这个孩子扮上活像一个人。

（22）大人既知他的底细，如何连他置买房舍这样的大事倒也不晓得了？＞他置买了房舍。

3. 评判类："遗憾""痛苦""骄傲""自豪"等。例如：

（23）可恨我为什么生在这侯门公府之家！＞我生在这侯门公府之家。

（24）怨不得我们宝姑娘不敢亲近，可见我不如宝姑娘远矣；怨不得林姑娘时常和他角口气，自然唐突他也是有的。我们宝姑娘不敢亲近他；林姑娘时常和他角口气。

（25）也不该拿我的东西给那起混账人去。＞拿我的东西给那起混账人。

（26）我倒是有话吩咐，只是可怜我一生没养个好儿子，却叫我和谁说去！＞我一生没养个好儿子。

（27）我这里好容易引得老祖宗笑了笑，吃了一点儿菜。我引得老祖宗笑了笑，吃了一点儿菜。

（二）短语结构

1）定语短语。定语所描述的内容常常成为预设。例如：

（28）我听这两句话，倒像是和姑娘的项圈上的两句话是一对儿。>姑娘的项圈上有两句话。

（29）施主，你把这有命无运、累及爹娘之物，抱在怀里作甚？这孩子是有命无运、累及爹娘的。

（30）你瞧瞧这帕子，果然是你丢的那块，你就拿着。>你丢了一块帕子。

2）表比较的短语。以被比对象具有所比特征为预设。例如：

（31）我这媳妇儿比儿子还强十倍。我儿子强。

（32）至二十二日，一齐进去，顿时园内花招绣带，柳拂春风，不似前番那等寂寞了。>园内前番很寂寞。

（33）人人都说你婶子好，据我看哪里及你二姨一零儿呢。>你二姨好。

（34）...其白腻不在袭人之下。>袭人是白腻的。

3）表排除的短语。例如：

（35）你这病非药可医。>你这病可医（但不是用药医）。

（36）除了怡红院，也更还有这么一个院落。>怡红院是这么一个院落。

4）表原因的短语。例如：

（37）此时总不过为的是子嗣艰难起见，为的是二姨是见过的，亲上加亲，....>子嗣艰难；二姨是见过的，是亲上加亲。

5）表时间的短语。例如：

（38）你前年那一次大病的时候，后来亏了一个疯和尚和一个癞道士治好了的。>你前年大病过一次。

（39）雨村革了职之后，那时还与我家并未相识，只因舍妹丈林如海林公在扬州巡盐的时候，请他在家做西席，....>雨村曾革职，林如海曾在扬州巡盐。

(三) 句型

1) 特殊疑问句。以疑问部分以外的其他内容为预设。例如：

(40) 谁把书包忘在教室了？＞有人把书包忘在教室了。

(41) 你听了两出什么戏？＞你听了两出戏。

(42) 他什么时候离家出走的？＞他离家出走了。

(43) 你妈为什么不同意？＞你妈不同意。

2) 强调句。以非强调部分为预设。汉语强调句分成两种：有标记强调句和无标记强调句。

A. 有标记强调句：指句中有专门表强调的句式或词语，如常见的"是"字强调句以及表示对最低限度者强调的"……也、都"。例如：

(44) 孩子也/都知道这件事。＞其他人知道这件事。

(45) 是他不遵守纪律。有人不遵守纪律。

(46) 昨天是四川发生了大地震。＞昨天某地发生了大地震。

(47) 连水也/都没喝一口。＞其他更没喝（或吃）。

B. 无标记强调句：指句中没有专门表强调的句式或词语，通过强调重音来表示强调。重音位置的不同会有不同的预设。例如：

(48a) 小李在图书馆丢了钱包＞某人在图书馆丢了钱包。

(48b) 小李在图书馆丢了钱包小李在某地丢了钱包。

(48c) 小李在图书馆丢了钱包＞小李在图书馆对钱包做了某种动作。

(48d) 小李在图书馆丢了钱包小李在图书馆丢了东西。

3) 虚拟句（非事实条件句）。以相反的事实为预设。例如：

(49) 你还当是先呢，有银子放着不使。＞现在不是像先前那样有银子放着不使了。

(50) 若论亲戚之间，原该不等上门来就有照应才是。现在等上门来才有照应。

(51) 不亏你婆婆遇见，早已送到老太太跟前去了。＞你婆婆遇见了，没有送到老太太跟前去。

（4）否定句。以否定范围内除否定焦点以外的其他内容为预设。例如：

（52）这里没有你要找的人。＞这里有人。／你在找人。

（53）这不是你的包。＞这是包。

五、预设的分类

从性质上讲，预设可以区分为逻辑预设、语义预设、语用预设。有人把这三个概念所指的预设看成是互不相容的三种不同类型的预设，其实是一种误解，准确地来讲，这三个概念代表的是三种不同的研究视角，对应了预设研究的三个不同阶段：逻辑预设是指从逻辑学的角度来研究预设，这是预设研究的起始阶段；语义预设是指从语义学的角度来研究预设，是预设研究的拓展阶段；语用预设是指从语用学角度来研究预设，是预设研究的深入阶段。

这三个不同的研究视角及阶段分别有自己不同的侧重点和研究课题。逻辑学研究预设侧重于命题，主要研究命题的真值条件及命题之间的关系；语义学研究预设侧重于话语的语义结构，主要研究预设触发语、预设与焦点之间的关系等；语用学研究预设侧重于语境，研究具体语境中交际双方与话语的关系、说话者的意图、话语中的新旧信息等。逻辑预设、语义预设、语用预设之间不是互不相容的，而是存在着包含与被包含的关系，有时在一定条件下可以互相进行转换。

应该说，逻辑预设是最典型的预设，它的范围也最窄，仅限于命题。弗雷格等逻辑学家从逻辑学的角度揭示了预设的本质特征。这阶段的预设研究是最严谨、最理性、最富逻辑性、最整齐划一的，可惜的是涵盖面太窄了。

语义预设是对逻辑预设的拓展，包含了逻辑预设，但又不局限于逻辑预设，它把疑问句、祈使句、感叹句等非命题形式中的预设都囊括进来了，着重研究话语的语言结构与预设之间的关系。语义预设在拓展了研究范围的同时，也部分地丧失了逻辑预设研究的严谨性和逻辑性。譬如，我们知道，否定测试法是鉴别预设和蕴含的不二法宝，但是否定测试法却无法用于疑问句、祈使句、感叹句等非命题形式，这就给研究者提出了一个问题：语义预设研究中如何鉴别预设？难道人们只能根据从逻辑预设中获得的语感来进行主观判断吗？我们需要客观的标准和形式化的手段，这是保证研究科学性的一个必要条件。

语义预设和语用预设之间最大的区别在于研究预设时是否考虑了语境，是否在具体语境中考察预设。语义预设是在脱离语境的情况下，考察孤立的句子中的语言结构能否触发预设，语用预设则是在具体的语境中考察某一语句或话语实际具有的预设。语义预设研究的是脱离语境的预设，是语言的预设，是断言等的预设，是可能存在的预设，是预设的潜在可能性；语用预设研究的是语境中的预设，是言语的预设，是交际者的预设，是实际存在的预设，是预设的现实性。

语义预设可以转变为语用预设，这个变化的过程就是语境纳入的过程。语境在这个过程中作用重大，它可以：

A. 确定预设的真假。例如：

（54）法国的国王是个秃头。＞法国有国王。

脱离语境来分析例（54），知道它预设了"法国有国王"，这是一个语义预设。这个预设是真还是假，要看在什么语境中说，如果是在君主时代说，那预设是真的，如果是在现代说，那预设是假的。

B. 确定预设在具体语境中是否依然存在。例如：

（55）张三的妻子会不幸福。张三有妻子。

以上预设分析，是脱离语境的分析，分析出来的预设是语义预设，这个预设在语境中是否依然存在，要看例（55）进入一个什么样的语境。

（56）张三的妻子会不幸福，如果张三吸毒的话。

（57）张三的妻子会不幸福，如果张三结婚的话。

在例（56）对应的语境中原有的语义预设依然存在，而在例（57）对应的语境中原有的语义预设不再存在，因为前句子的预设与后一分句的语义相矛盾，被取消了。这实际上就是较小的语言单位中的预设能否投射到较大的语言单位的问题。语境在预设的投射上起了很重要的作用。

C. 确定多选语义预设中的被选项。例如：

（58）我女儿也喜欢跳舞。>我女儿还喜欢某事/还有某人喜欢跳舞。例（58）有两个语义预设，也就是有两种预设的可能性。但是，一旦它进入具体的语境后，语境可以从这两种预设中选择一种作为实际的预设。例如：

（59）我女儿喜欢唱歌，我女儿也喜欢跳舞。（我女儿还喜欢某事）

（60）王洁喜欢跳舞，我女儿也喜欢跳舞。（还有某人喜欢跳舞）从上面的分析中我们可以看到：同一个触发语可能会触发多个语义预设，而一般只会触发单一的语用预设（当然这并不妨碍整个语句有多个预设，如例（59）（60）中都还有另一个预设"我有女儿"）。

按照瑞典逻辑学家燕斯·奥尔伍德的观点，预设还可以区分为存在预设、事实预设和种类预设。这种分类主要着眼于预设本身的语义内容范畴，是预设研究初期常用的分类。

（一）存在预设 凡陈述某人某事具有一定性质的话语，一般以所讨论对象的存在为预设。存在预设常由主语位置和宾语位置的定指描述语引出。例如：

（61）法国国王是个秃头。>法国有国王。

（62）她女儿已经五岁了。>她有女儿。

（63）她很疼爱女儿。>她有女儿。

不过，宾语中潜藏的存在预设更容易被上下文消除，谓语常常就能消除它，而主语引出的预设常常要在复句中才能够消除。试比较：

（64）她很想要个女儿。~>她有女儿。

（65）要是那年她生的是女儿，她女儿已经五岁了。~>她有女儿。之所以主语引出的预设比宾语引出的预设更不易消除，是因为主语一般是话题，是已知信息，而宾语则不是。另外，宾语是不是定指也和预设情况有关。含有预设的例（63）中"女儿"是定指，可以换成"她女儿"，而例（64）中则是不定指，不可以换成"她女儿"。也就是说，定指与预设成正相关：能推出预设的描述语一般是定指，定指的描述语引出的预设更不易被消除。

（二）事实预设

凡是对陈述事实的性质或特征用表态性谓语（参见前文中的"叙实谓词"）加以评述的话语，一般以所讨论对象是事实为预设。例如：

（66）小王无故旷课很不应该。＞小王无故旷课了。

（67）他反对中学生早恋。＞中学生有早恋现象。

（68）我佩服他敢作敢当。＞他敢作敢当。

其实，事实预设和存在预设差不多，也是以所讨论对象的存在为预设，只是它的讨论对象是一个事实。事实预设常常来自充当主语或宾语的主谓结构。主谓结构充当定语时也会带来事实预设。例如：

（69）他偷的那本书很值钱。＞他偷了一本书。

（70）你新买的衣服好漂亮。＞你新买了衣服。

（三）种类预设

凡是其谓语含有的意义可以包含某个集合的属性的话语，一般以所讨论的对象属于这个范畴为预设。例如：

（71）笨笨听了这个消息后很高兴。＞笨笨属于有感情行为的一类。

可见，存在预设、事实预设和种类预设主要着眼于话语内各部分之间的语义关系及预设本身的语义特点，预设研究早期较多采用这种分类术语，后来也逐渐少用。

第三节 语用学视角下沟通的元话语

一、引言

言语交际的主要目的是向对方传递话语信息，使对方领会自己的交际意图。但是同一个命题信息，如果通过不同的言语方式来传递，就会具有动态的语用特征，体现出作者/说话人潜在的语用目的和意图，从而也影响读者/听话人对信息内容的理解和接受。请看以下两个例子：

（1）a. 有目击者称，火灾是焰火引起的。

b. 据说，火灾是焰火引起的。

（2）a. 你听我说，我会尽力想办法的。

b. 我会尽力想办法的。

例（1）中的两句话 a 和 b 传递的是相同的命题信息"火灾是焰火引起的"。但是"有目击者称"和"据说"为该命题信息的真实性提供了不同程度上的证据支持。如果把它们去掉，话语的命题意义不会发生改变，但是却影响了信息的可信度。在例（2），句子 a 中"你听我说"表达说话人的态度和主观性，向听话人表明自己的话语意图，增加协商的语气，以此来安抚听话人的情绪。句子 b 就是说话人在陈述自己的想法，不包含说话人的情感态度和主体间意识。

例（1）和例（2）中"有目击者称""据说"和"你听我说"这些标记语的使用并不增加或者减少话语的命题意义，它们是说话人在语言使用过程中有意识选择的话语表达式，为听话人准确理解和把握话语信息提供了依据，这些标记语就被称为"元话语"（metadiscourse）。元话语在口语语篇和书面语言篇中都大量存在，因此，本章所选取的例子既有口语语料也有书面语言料。

二、元话语的定义

在言语交际中,作者/说话人为了使读者/听话人更好地领会自己的交际意图,除了要把主要信息清晰地传递给对方之外，还要考虑如何有效地组织语篇、在言语交际中表明自己的立场和态度、调控自己的言语方式、实现人际交流与协商等。这就需要考虑两个层面上的话语结构，一个是传递主要信息的篇章层次，我们把它称之为基础话语；另一个是"关于话语的话语"，是为了更好地传递基本话语信息，我们把它称之为元话语。

元话语这个概念最初是由哈里斯于1959年提出，为研究语言使用和引导受众理解语篇而提供的一种方法。随后威廉姆斯、范德·考普尔、克里斯莫尔、海兰德等进一步发展了这个概念，把体现作者/说话人介入语篇来引导读者/听话人去组织、分类、解释、评价和理解语篇的词汇、短语和小句都归入元话语范畴。海兰德是从广义的角度定义元话语，他不但强调其组织功能，同时还关注交际双方的互动交流。虽然学界对元话语的内涵还没有统一的认识，但是学界普遍认同的是：元话语是表达命题态度、语篇意义和人际意义的话语。也就是说，元话语能够用来组织话语、表达作者/说话人对话语和读者/听话人的态度，并与他们进行人际互动协商。它是作者/说话人对自身言语行为的一种自反体现，以此来反映话语的对话性和主体间性。具有自反特征的元话语是人类所有语言共有的，是一种有意识的和有标记性的言语行为。

三、元话语与元语用意识

自反性是人类语言的一个典型特征，是对自己使用的话语表达具有反思、调控和评价的自我意识。如果没有自反性，就不可能有第一语言层次的存在。元话语标记具有很强的自反性，是作者/说话人在语言使用时有意识的话语选择。这种自反意识也就是维索尔伦所提出的元语用意识，元话语标记的使用就是元语用意识的直接体现。请看下面例句：

（3）坦率地说，我对语言学的了解是非常少的。

（4）我们经过前期文本观察，发现语篇中实际上大量存在归属于其他型的标示名词，有必要对其进行细化。

（5）大家知道，紫外线是有着很强的杀菌能力的。

在上述例句中，"坦率地说""我们""实际上""有必要""大家知道"就是我们所说的元话语标记，它们突出了作者/说话人不同的元语用意识。"坦率地说""实际上""有必要"都表明了作者/说话人对命题信息的态度。"我们"突出了作者的自我再现和自己作为研究者的身份特征。"大家知道"一方面用"大家"来呼唤听话人，意在拉近和听话人之间的距离，同时假设交际双方有相同的背景知识，使听话人更容易理解说话人的话语内容。

这些标记语的使用，是读者/说话人在元语用意识的调控下有意识选择的结果，凸显了隐藏在话语深层的语用效果和意义，是言语交际成功不可缺少的手段之一。

四、元话语的分类和元语用功能

由于元话语概念的模糊性，关于它的分类目前还没有统一的标准。迄今为止，被国内外学者普遍接受的元话语分类包括以克里斯莫尔为代表提出的语篇—人际元话语分类和海兰德提出的人际—互动模式元话语。海兰德认为元话语在本质上是一个由开放性的语言单位集合而成的意义系统。通过进一步研究，海兰德发现元话语从本质上来讲都是人际的，因为作者/说话人必须要考虑读者/听话人的知识背景、语篇和信息处理的能力，要考虑与读者/听话人之间的互动。用于组织语篇的元话语其实是建立在对读者/听话人的背景知识、语篇处理经验和能力基础上的，因此暗含着与读者/听话人之间一种无形的互动。海兰德认为元话语与语篇功能和人际功能是共生关系，不可分割。因此，海兰德提出了元话语的人际—互动模式，将语篇元话语改为交互式元话语，将人际元话语改为互动式元话语。

目前对于元话语的分类大多集中在英语元话语研究，汉语元话语研究还刚刚起步，国内对汉语元话语分类较为系统的是李秀明。

综合海兰德和李秀明对元话语的分类以及海兰德对元话语的人际—互动模式

的论述，下面将汉语元话语分为交互式和互动式元话语，每个大类下面又分为具体几个小类。具体的分类如下：

（一）交互式元话语

交互式元话语是指语篇中标识话语命题之间的逻辑关系、话题组织结构、命题信息来源等的语言表达式，它可以帮助读者/听话人理解语篇组织结构和命题信息之间的逻辑关系，种类包括话题结构标记语、衔接连贯标记语、证据来源标记语和注释说明标记语。

1. 话题结构标记语

话题结构标记语的使用是指读者/说话人通过使用诸如"对于""关于""顺便说下""总之"等标记语来体现要发起、转换或者结束话题的元语用意识。话题结构标记语包括表示话题转换的标记形式，如"对于""关于""对……而言""话又说回来了""顺便说一下"等；表示话题开始的标记，如"众所周知""无须赘言""事情是这样的"等；表示话题结束的标记，如"就这样""到此为止""归根结底""总之"等；表示话题序列的标记，如"首先""下一个""第一""第二"等。标记语的使用，不仅可以使话语整体更加连贯，而且还可以减轻读者/听话人的信息处理压力，帮助他们理清话语信息之间的顺序和话题的变化，从而促进信息的有效传递。请看下面的例子：

（6）值得注意的是，此新闻一出，立即有网友贴出了引用原文，力证标题失实；转载媒体发现标题不妥，也及时修改。这一方面说明，网友对待新闻的审慎和理性程度在不断提高，另一方面也映照出，公众对于专车改革方案调整、完善的强烈期待。

（7）总而言之，此次巴黎恐怖袭击如果是一次加强版的独狼式恐怖袭击，那么全球社会将面临非常严峻的反恐形势。

（8）其实我们不小了，但话又说回来，黄忠60岁投靠刘备，姜子牙80岁当丞相，年级轻轻地着什么急啊！

在例（6）中，"值得注意的是"是一个话题选择标记，选择"新闻标题不妥"

作为推进话题。读者看到这个标记，会了解到作者接下来引出一个新话题，就会把注意力放到之后的信息内容上。"这一方面"和"另一方面"是表示话题序列的标记，作者把信息框架清晰地呈现在读者面前，便于读者理解命题内容。例（7）中，"总而言之"是一个话题结束标记，此类标记能够帮助作者将话题结束信息更加清晰地传递给读者，引导读者以全局性的思维去理解语篇，便于读者理解信息。在例（8）中，"但话又说回来"是一个话题转换标记。首先，它把前后两个语义单位连接起来，使之更加衔接连贯；其次，为听话人建立最佳关联，话题由"我们岁数不小了"转变为"黄忠60岁投靠刘备，姜子牙80岁当丞相"，内容发生了改变，但是"话又说回来"可以帮助听话人建立其前后语段之间的语义关联，知道说话人在下一个语段中观点发生了变化，认为岁数大也可以有成就，否则这两个语段之间的话题转换就显得有些突兀。

2. 衔接连贯标记语

衔接连贯标记语主要是用来构建语篇内部的逻辑关系和连贯性，使作者/说话人能够更好地组织语篇，从而引导读者/听话人来把握话语之间的内在逻辑关系和语篇结构信息，是典型的反映程序意义的标记形式。李秀明（2011）认为表示命题逻辑关系的连词不应看作是元话语。但是这些表示逻辑关系的连词是语言使用者主观上选择来标示话语之间原因、转折、假设、并列等逻辑关系的，起着连接语篇，使话语连贯的语用功能，突出了作者/说话人组织语篇、标示语篇信息之间逻辑和衔接关系的元语用意识。因此，这些衔接连贯标记语属于元话语标记。这种标记形式在数量上最多，在使用频率上也最高。海兰德（2005）认为衔接连贯标记语是用来表达增补、因果、和对比等逻辑关系的语言技巧，主要表现形式为连词、副词、介词短语等形式。如"因此""此外""然而""所以"等。此外，用来引导语篇内其他部分信息的内指标记也归为衔接连贯标记语。具体内容包括：

A. 表示并列关系的标记语。连接的两个成分在时间、空间或者逻辑上是一致的。如"同时""并且""以及""和"。例如：

（9）二兰和郑云山也证明这的确是事实，同时我还弄清楚他们是自由恋爱。（马

烽《结婚现场记》)

（10）这篇文章讲了早起的十个好处，以及如何早起。

B. 表示因果关系的标记语。这种标注因果逻辑关系的标记能够凸显语篇信息之间的前因后果和来龙去脉，让语篇信息显得更加真实可靠。如"因此""所以"。

（11）他因为晕车，所以坐在副驾驶位子上。

（12）税收减少了，因此抱怨声也少了。

C. 表示递进关系的标记语。后一句是前一句的延伸和说明，如"不……且……""不……也""不仅……反而"。例如：

（13）政府不但拿去他们刮来的地皮，而且没收了他们的财产。

（14）他不仅不感谢，反而对我发火。

D. 表转折关系的标记语。突出前后信息的差异，展示信息的本质。如"虽……但是""而""却""可是"。

（15）他虽然有病，可是仍继续工作。

（16）虽然他做了很多工作，然而他做事蜻蜓点水一样，不够深入，却总是找理由，找借口，推卸责任。

E. 表示内指的标记语。是用来引导语篇中的其他信息成分，具有预示下文和总结前文的功能。因此，内指标记能够有效引导读者去关注语篇中某一部分信息，将处于语篇中不同位置且具有密切相关性的信息有效连接起来。如"上文已经说了""在第二部分""如前所述""详见第二章"等。

（17）如前所述，每个注册表一个只能用在一个域中。

（18）关于这个问题的论述，详见第二章。

3. 证据来源标记语

证源来源标记语是指作者/说话人为了表现自己的认知状态和增加所述信息的可信度，使用一些标识证据来源的标记语，这些标记语通常以小句的形式出现。根据信息来源是第一手还是第二手，可以分为直接证据和间接证据。直接证据来源标记语标识信息是来源于作者/说话人的亲身感受和体验，从而增加了命题的真实性,如"据我所知""依我看""我听说"等。直接证据来源标记的使用,体现了作者愿意对所述信息的真实性承担责任的元语用意识。请看下面的例子:

(19)李石清:我听说,您最近手气很好。

(20)实验结果证明,本文所提出的混合控制器具有优异的性能。

间接证据来源标记语的使用意味着信息来自作者/说话人之外。如娱乐新闻报道中经常使用"据悉""据某人透露"等传闻类的证据来源标记,表明后面所说的信息是有一定来源的,但是作者/说话人对它的真实性不负责任。

(21)据媒体透露,朝鲜人最喜欢去的人气购物场所是与朝鲜相邻的中国丹东。

而在新闻报道中,为了突出证据的真实性和权威性,通常会标识出具体的信息获取时间、地点和人物等,如下例:

(22)据新华社北京11月12日电:为深入贯彻落实新形势下的国家粮食安全战略,全面落实地方粮食安全主体责任,切实保障国家粮食安全,依据《国务院关于建立健全粮食安全省长责任制的若干意见》,国务院办公厅近日印发《粮食安全省长责任制考核办法》。

在学术论文写作和科技语篇中,引用频繁出现,证据来源标记语是标示引用的一个重要手段。斯威尔斯将引用形式分为融合式引用和非融合式引用。所谓融合式引用就是将标示信息来源的证据来源标记语整合在被引用信息所在的句子中,使其成为句子中的一个成分。例如:

(23)有研究表明,我们的大脑将有用的单词组合存储为预制的整体单位。

非融合式引用将引用的作者,即证据来源标记语置于括号当中,该引用的作者并不构成句子结构中的成分。如下面的例子:

(24)作为一种非透明的语言结构,习语常被视为程式语的原型。

任何形式的证据来源标记语都是作者/说话人试图避免信息内容显得过于武断和主观而采用的语言手段,使话语内容更具说服力和客观性。

4. 注释说明标记语

注释说明标记语是指作者/说话人用来帮助解释、说明、澄清和例证命题信息中的一些陌生、模糊的概念,从而帮助读者/听话人有效解读话语信息的元话语标记。被引导信息并不增加命题意义,但是作者/说话人用注释说明标记语来表示要对先前信息进行重述、举例、澄清、完善或者特征描述,以此来突显他们的元语用意识。注释说明标记语通常可以分为两类,一种是引导重述信息的,一种是引导例子的。

引导重述信息的注释说明标记语通常包括:"也就是说""换句话说""换言之""这就是说""这可以被解释为""X的意思是Y"。这类重述型注释语的主要功能就是表示对特定观点进行重新阐述,目的是使观点更加明确,帮助读者理解信息,或者是对先前所提供的信息进行拓展。例如:(25)税务协定总是双方的。也就是说,是两国之间一致达成的协议。例(25)中"也就是说"后面引导的信息是作者对前面观点的解释,使读者更容易理解之前的信息。

引导例子的注释说明标记语是指如"例如""拿……说""以此为例""举个例子说""比如"这类用来引出某些相关例子来对陌生概念进行解释的元话语标记,将一个抽象的概念和具体的事例联系起来,以便于读者/听话人理解。这类标记多出现在学术论文和科技语篇中。例如:

(26)五中全会特别提出来支持互联网创新,特别是分享经济的发展,正逢其时。举个例子,以滴滴打车为代表的分享经济,在中国的发展实际上是远超欧洲,和美国比也是并驾齐驱甚至超过它的。

(27)怎样给电脑设置关机时间?比如说,我想在一个小时以后让电脑自动关机,该怎么进行设置呢?

通过上面的例子,我们发现,无论是重述性还是举例式的注释说明标记语,都位于话语的中间,连接着两个语义分段,一方面起着衔接话语的作用,另一方面又能引导读者/听话人对后面的话语进行理解。

(二)互动式元话语

互动式元话语是作者/说话人意图、目的、态度、评价等的外显标记,突出话语的互动性,使交际双方都参与到当前话语的意义构建中。主要包括认识立场标记语（含糊表达标记语、明确表达标记语）、态度评价标记语和交际主体标记语。

1. 认识立场标记语

认识立场标记语是表达作者/说话人包括含糊表达标记语和明确表达标记语。

A. 含糊表达标记语含糊表达标记语表达作者/说话人对命题内容一种不确定的态度。主要包括情态动词（"恐怕""也许""或许"）、表示可能性的形容词或者副词（"一般认为""有点儿""稍微""在某种程度上""可能"）等。

（28）在某种程度上来说，飞机延误是由大雨引起的。

（29）你这件衬衫有点脏。

在例（28）中"在某种程度上来说"后面连接的是判断句，"飞机延误是大雨引起的"。但是说话人为了使自己的判断留有余地，使用了模糊性元话语标记。例（29）中，说话人意图是批评对方衬衫不干净，但是如果直接指出会伤及对方的面子，通过使用含糊表达标记语"有点"，来缓和批评的口气，让对方容易接受，同时还保全了对方的面子。使用含糊表达标记语体现出作者/说话人对命题态度和认知的一种元语用意识，一方面可以避免武断地传递信息，另一方面，可以缓和话语对对方面子的威胁语气，从而维持交际双方和谐的关系。

B. 明确表达标记语

与含糊表达标记语相反，明确表达标记语强调的是作者/说话人对命题内容的确定态度。表示他们希望读者/听话人完全接受自己的观点，强调作者/说话人的话语权力。比如表示确定性的情态动词"必须、应该"，一些副词形式如"很明显""显而易见""毫无疑问""毋庸置疑""不用说""特""当然"等。

（30）毋庸置疑，好的事情总会到来，如果它来迟了，可能会是意外的惊喜。

（31）显而易见，这个概念是一个政策性和操作性的，不是一个理论的概念。

例（30）和（31）中的"无须质疑"和"显而易见"都是明确表达标记语，它们不仅可以帮助作者/说话人强化自己的认识立场，表明自己对所述命题真实性的确定态度，而且可以赢取读者/听话人的支持，限制或排斥潜在异己观点或立场。

2. 态度评价标记语

海兰德认为态度标记承载着作者对命题信息的赞赏、遗憾、重视、希望、惊讶等情感态度，而非认知态度。态度标记语常见的表达方式为表示惊讶、遗憾、期望等情感态度的形容词或副词，如"令人兴奋的是""令人遗憾的是""有趣的是""幸运的是"等。此外还有一些表示态度的动词如"希望""同意""愿意"等。这些态度标记从不同角度反映出作者/说话人对命题的情感态度，实现作者/说话人和读者/听话人的人际互动。

（32）人生就是不断地放下，但最遗憾的是，我们来不及好好告别。

（33）我希望"转转"可以扮演一个推动的角色，让它的成功，更多地促进二手文化的建立和成熟。

态度评价标记语除了表达作者/说话人对命题信息的态度之外，还表现出作者/说话人对自己的言语行为的评价态度，对自己提出的观点和论断做出的反思。常见的标记语有"坦率地说""老实说""实话实说""说得好听一点""用句时髦的话来说"等。例：

（34）坦率地说，你还没有做好结婚的准备。

（35）老实说，世界这么大，我想出去看看。

3. 交际主体标记语

交际主体标记语是交际各方在语篇中的明示表达，主要包括自我提及语和介入标记语。自我提及标记语通过隐性或者显性的方式来标识作者/说话人的存在和再现。常用表达形式有"我""我的""我们"等第一人称单复数形式。需要指出的是，"我们"包含两种类型。一种是包含读者/听话人的，另一种是不包含读者/听话人的，其中包含读者的"我们"被视为介入标记语。此外，用来指代作者的名词如"作者""笔者"等形式也被视为自我提及语。作者/说话人在言语交际中，不可避免地要把自己和自己对命题内容、对语篇接受者的态度等投射到语篇中。因此作者/说话人会根据具体的情境和立场有意识地选择是否提及自我。接下来我们看下面的例子：

（36）我们认为，以受话人为切入点，将是话语分析、语言学和语言哲学研究的新热点。

（37）老张，你听我说，一定马上停止行动。

（38）这观点，不知别人以为如何，在我看来，很好。

例（36）是选自单一作者的学术论文，这里作者用"我们"这个第一人称复数形式来指代独立的作者本身，说明作者想向读者表明该观点不是其个人的主观观点，希望借整个语篇社团的力量以此来增强个人推断的可靠性。例（37）中的交际主体标记语"你"和"我"的使用，突出了交际主体的参与和互动，说话人意在突出对听话人行为进行劝说的意图。同时，用"你听我说"引起听话人对接下来话语的注意。例（38）中，"在我看来"突出了说话人的主体性，明确表明自己的观点。但是如果人称代词"你、我"只是表达命题信息内容的，则属于基本话语范畴，只有在表达言语行为意义层面上的信息发出者和接受者"我""你"才是交际主体性元话语标记。看下面例子：

（39）我昨天去商场了，你去看电影了吗？

（40）我个人认为，你这件事情做得不对。

例（39）中的"我"和"你"都是命题信息的一部分，不属于元话语标记，而例（40）中"我个人认为"中的"我"是突出言说者的言语行为和态度，因此是表达自我提及的元话语标记。

介入标记语是指在语篇中直接指称读者/听话人的些表达，将他们视为语篇的参与者，突出读者、听话人的存在，例如"你看""你懂的""我们知道""读者""大家"等。介入标记语体现了作者/说话人的一种平等意识，意图拉近其与读者/听话人之间的距离。看下面例子：

（41）我只能回答成这样了，你懂的。

（42）大家知道，有商品的地方，就有价值规律和它的作用。

例（41）和（42）中的"你懂的"和"大家知道"都是召唤读者参与的介入标记语，也体现了说话人对听话人的知识水平和背景的了解，表达了对他们的尊重。

五、汉语元话语的使用特点

作为言语交际中不可缺少的话语层面，元话语在不同语言中的表现形式和使用上又呈现出不同的特点。在上一小节我们介绍了元话语的分类和功能，元话语是对言语行为的动态研究，它的表现形式不仅包括那些穿插在句子结构之间简短的词语，还可以是一个小句或者一个完整的句子。从语用认知的角度来看，元话语的使用可以进一步解释话语的生成与理解，是交际主体认知思维的外在体现，以引导读者组织、解释、评价基本话语，并对命题信息做出反应。元话语不仅可以增强语篇的逻辑，突出语篇意义，而且还能够表现作者/说话人对命题信息、读者/听话人以及本人的态度与评价，标识交际主体之间的亲疏程度，鼓励读者/听话人积极参与到话语之中。元话语虽然是不可或缺的语言构成因素，但是其使用数量、频率以及种类要受到语言类型、语体等因素的影响。汉语元话语的使用受语言本身的特点以及语体等因素的影响，在形式上和使用频率等方面都有所不同。

在形式上，汉语元话语和插入语类似，大多数以插入的形式出现，位置较为灵活，可以在句首、句中或句尾，在口语语体和书面语语体中都是大量存在的，一般以逗号与主句隔开。如：

（43）换言之，规范是在能直接观察到的事实之下一层的，必须由观察者重构出来。

（44）我一定跟她说，会想通的，我想。

"换言之"和"我想"虽然在形式上可以省略，但是从表达话语意义的角度看，是不能省略的。在汉语中，有些表示逻辑关系的元话语却是可以省略的，因为汉语中更多的是依靠意合连接话语成分，在某些汉语语境中，即使省略部分元话语，也能推断出其逻辑联系，语篇的整体结构仍然完整，如：

（45）买房时要考虑以下问题：第一，房子的质量；第二，房子的价位；第三，房子周围的环境。

"第一""第二""第三"是表示序列关系的元话语,如果省略,读者/听话人也能推断出其逻辑关系,所以在汉语表达中有些逻辑元话语是可以省略的。但在有些情况下,如果省略了衔接连贯标记语,话语效果就会有天壤之别,如:

(46)在我的后园,可以看见墙外有两株树,一株是枣树,还有一株也是枣树。

这句话所传达的客观信息等同于"在我的后花园,可以看见墙外有两株枣树",但是所表达的语用效果却与原文差别甚大。原句通过使用增进衔接连贯标记"还……也",将作者所处空间环境的空旷冷清和与这种自然状态交融在一起的沉重心情浓浓地笼罩在了读者身上。如果去掉元话语,就无法实现这种效果。

不同语体中元话语的使用频率和类别不同。受语体本身特点的影响,元话语的使用频率和类别都有不同。黄勤、熊瑶探讨了新闻评论语篇中元话语的使用,发现汉语新闻评论中元话语的使用数量和频率都较英文新闻评论少,这也验证了汉语重意合的结构特点。就元话语的分类使用情况而言,几乎每篇汉语评论都由证源标记语引导,而很少用模糊限制语。这表明中国作者在论述时倾向于用肯定和直接的表达方式,在其语篇中投射出一种权威性的形象,以便使读者信服。由此可以看出,汉语新闻评论写作遵循的是读者负责型的模式,作者自己对观点的正确与否很少承担责任。鞠玉梅在分析对比汉英学术论文中的元话语使用情况时指出,汉英学术论文中都使用交互性元话语来布局谋篇,但是汉语元话语的使用数量明显少于英文,因为汉语依靠意合连接话语成分,即使省略部分元话语,也能推断出逻辑联系,语篇的整体结构仍然完整。与新闻评论语篇类似,汉语学术论文中除了很少使用模糊限制语外,对于交际主体标记、内指标记和自我提及都用得比较少。而在法律语体中,则几乎不用或者很少使用元话语,如果使用表达人际的元话语,那么法律文本的庄严性和权威性将消失殆尽。

第六章　语用学视角下沟通的合作与自我中心

第一节 语用学视角下的话语合作

一、合作与话语合作

(一) 合作原则的提出及发展

现代语用学理论基本上可以分成格赖斯、新格赖斯和后格赖斯三个时期，因此合作原则的提出与发展也基本体现在这三个理论体系中。

"合作原则"是美国哲学家、语言学家格赖斯指出的，合作原则是为了实现成功的交际，人们在参与交谈时，根据你所参与交谈的目的或方向的变化而提供适切的话语。合作原则主要包括四条准则。

新格赖斯理论主要体现在霍恩的两原则、莱文森的三原则及利奇的礼貌原则上。霍恩认为格赖斯的会话准则主要来自两个方面：一是关于信息量，要求说话者充分表达自己的意思，从而让听话者比较容易接受和理解；二是关系准则，使你的话语是必要的。由此霍恩将格赖斯的四准则减少到两条，即量原则与关系原则。而莱文森认为三原则更全面，具体内容是：Ⅰ量原则（Q原则）；Ⅱ信息原则（I原则）；Ⅲ方式原则（M原则）。比较而言，莱文森三原则更有影响力，做到了阐释一般含义而不依赖具体的语境找出特殊含义。另外，莱文森的新机制还可以参与语法，这亦是合作原则不具备的。因此三原则标志着"新格赖斯语用学机制"的正式形成。

在后格赖斯理论体系中，最有代表性的是某学者提出的关联论（RT）。RT与格赖斯的合作原则有着紧密的联系，它是对合作原则的修正和补充，对语用学领域的研究做出了重要贡献。合作原则的核心主张为：话语能够自动营造指引听者来理解言者意义的期望，这些期望由合作原则和一系列准则所实现，一个理性听者所选择的释义应该是最能满足这些期望的释义。RT的核心主张则是：话语所引发的关联期望能够准确且可预见地指引听者来理解言者的意义，交际是以关联为取向的，关联是认知的基础，是交际中最基本的一条原则。可见，RT与合作原则有着本质的差别，可以说前者对后者形成了有益的补充和完善。主要体现在：（1）出发点不同，合作原则主要是从语用学的角度出发，具有较强的哲学意味；而关联理论是从哲学、认知、交际等多角度对言语交际进行研究，是"确认植根于人类心理并能解释如何交际的一种内在的机制"；（2）就言语交际的研究对象而言，关联理论将语用学研究的重点从话语的生产转至话语的理解；（3）就解释范围而言，关联理论不仅适用于解释含义，而且适用于识别直义。格赖斯虽然也区分直义和含义，但是他的研究主要集中于含义尤其是特殊含义上，对于直义缺乏论述。

合作原则的起源和发展经历了一个规则简化的过程，从格赖斯的四条准则、莱文森的三条原则、霍恩的两条原则，简化到RT的一条原则。从中我们可以看出，合作原则经历了从哲学思想启发，到纯语用学规则修改，再到认知完善的过程。这也说明语用与认知是语用学发展的必然趋势，当今认知语用学的飞速发展正是这一必然趋势的写照。而本书的理论基石SCA可以说是认知语用学的进一步提升。如果说认知语用的基点是"语用"，即参照认知科学成果来源于语用研究，那么SCA则将交际的"认知因素"和"社会因素"作为同等重要的参数，应该说其包容性更高、跨学科性也更强。

（二）关于"合作实质"的讨论

自从格赖斯提出合作原则以来，关于合作原则的研究便成为学界的热点。格赖斯在1975年的讲演中有关合作原则的论述比较简单，虽然他在1978年和1981年发表的论文扩展了他的观点，但他从未填补其理论存在的许多空缺。正因为如此，许多研究对于"合作"概念有不同的理解，尤其是国内学者在解释和介绍"合作原则"时出现了不同的定义，如"共同守信的原则""约定俗成的语言交际原则""使话语连贯进行下去的默契"以及"交谈的双方都接受的目的或方向"等。显然，上面几个定义都是在基于格赖斯原文的直译上形成的。我们认为其中比较有特色的是周礼全的解读，即"在一次谈话即其各个阶段中，谈话的参与者相应于谈话的目的和要求做出自己的积极贡献"。然而，周礼全的定义将话语交际"合作性"行为的中心放在了交际者通过努力而达到的良好结果上，而忽略了交际者为实现交际目的而努力的整个的过程。因此，金立在周先生的基础上将"合作"定义修改为"在一次谈话即其各个阶段中，谈话的参与者应根据于谈话的目的和要求做出自己的积极努力"。

对于什么是合作的实质，学界内仍然存在很大的分歧，并没有形成统一的理解。看来言语交际当中的"合作"和社会交际中的"合作"并不是同一个概念，更不同于博弈论中的"合作"。博弈理论当中的"合作"指的是为了双方的利益得到最大限度的保障，博弈双方通过谈判并按照有关协议在以后的交际中双方的行为都能为对方所接受。然而，我们也不完全同意梁燕华将"合作"仅仅理解为交际者的一种交际意愿或者态度。我们认为格赖斯提出的"目的"一词固然包括交际者的合作态度，但同时也是对整个言语行为的一种描述，不然怎么会有"不合作"呢？对此，钱冠连在讨论了量、关系、方式和质这四种情况的不合作却未能使谈话失败的事实后，得出"合作不必是原则"的结论，并提出"目的—意图原则"来代替"合作原则"。另一方面，社会语言学家指出，语言使用是一切社会行为的构成部分，不管他们在竞争、相互支持、显示团结还是控制、利用别人。马克思也指出，社会关系的含义是指许多个人的合作。当然，马克思的"合作"是针对政治经济学提出的，但就"社会关系"而言言语合作也是一种社会关系。其内涵如下。

（1）言语合作不仅是由人的主观意识，而且也是由社会文化模式决定的。

（2）研究言语合作不能从单个个体出发，应从社会和个人两方面入手，用整体分析和个体分析相结合的方法来研究言语合作问题。

（3）言语合作不是一个可以抽象成没有历史的博弈模型，合作也不是某个特定历史阶段的产物，应将合作放入整个人类历史的进程中来研究，做到逻辑与历史的统一。

格赖斯的合作原则的本意更多是一种交际者的合作意向，但从另外一个角度来看，言语交际是一个社会现象，是一种言语行为；而合作原则是对这一社会现象的普遍规律的描述，是言语行为理论的有机组成部分。合作原则与言语行为理论的密切关系说明合作是行为的内在因素，具有行为的社会本质特性。其次，从"合作"的词汇意义也体现了行为的特质，姜望琪在《当代语用学》中明确指出，所谓"合作"指说话人和听话人为实现同一个目标而共同努力。结合周礼全先生的定义，我们认为既然"合作"是指"共同努力""积极贡献"，那么将"合作"看成是整个话语交际过程和结果的体现也是在情理之中。同时，认知派在批评合作原则时也表现出这种看法，如"交际者在本质上是自我中心的，但实际生活中的言语交际体现合作"。此外，SCA 不但关注言语交际中的"合作现象"，而且还意欲探讨实现合作目标的社会语用理论根据，以及合作的认知建构。结合语用学家和社会学家的观点，本书中的"合作"也不是作为某种原则，而是作为一种交际目的和交际行为。它一方面区分言语交际中的"合作原则"与社会学中的"团结、协作"意义上的"合作"，另一方面主张交际个体的意向性、交际过程、交际结果的合作观。

二、话语合作的特性

（一）社会性

"话语合作"的理论基础、研究对象和研究方法都体现出"社会性"的特质。下面从几个方面分别围绕话语合作的社会性展开探讨。

话语合作的理论基础是格赖斯的合作原则和奥斯汀、塞尔的言语行为理论。合作原则的哲学基础是日常语言哲学，而言语行为理论的哲学基础是行为哲学。但他们都是建立在对西方分析哲学的语言学批判的基础上的。自从二十世纪初期起，西方分析哲学的语言学派如摩尔、罗素戴维森、卡尔纳普等就很关注语言与哲学之间的关系，试图精炼语言，排除其缺陷和非逻辑性，并创建一种理想化的语言。就牛津日常语言哲学派的观点来看，语言是种社会现象。与持这种哲学观点的其他的哲学家不同的是，后者致力于个别语言现象的研究，而格赖斯则提出了系统的理论体系，即合作总原则及其准则。格赖斯提出合作原则的目标就是要建立一个用来描述日常社会言语交际的普遍规律的原则。言语行为理论产生于二十世纪三十年代，也是人们对逻辑实证主义和语言意义的实证研究所做出的一种回应。与格赖斯不同的是，奥斯汀和塞尔立足于"说话即做事"，注意力更多集中在语言的使用上，把语言的使用视为一种行为，并且对话语实施的行为尤其是语言的力量进行了深入的研究。格赖斯、奥斯汀和塞尔等人都注意到了分析哲学语言学派逻辑性、理想化语言缺陷，将研究视角回归到日常语言上来，这意味着重新重视语言的"社会性"。

以前的语言哲学家普遍认为，在个人知识和理解之外有一种绝对的词汇意义。事实是，如果存在这种绝对的词汇意义"真值"的话，那么作为个体来说是永远无法全面地、完美地获得这种真值的。真值观使得语言处于一种"非人类"的状态。这种哲学观点使得语用学处于一种问题状态：一方面忽视了语言的社会性；另外一方面对于语言和文化的使用者预设有一种绝对形式的语言和文化的错误的观点。

而将语言当成行为的言语行为理论更反映了言语交际的"社会性"本质。真值条件语义学认为，语句只能正确或错误地描写事物。如果描写正确，那么该语句就是真的，反之就是假的。但后来人们发现，真值条件语义学所持的意义观存在一定缺陷，比如它不能很好地解释交际中所出现的一些常用结构。奥斯汀注意观察日常生活中人们是怎样用语言进行有效的交际，以及怎样以言行事，而不力求去完善日常语言。他的研究表明，存在很多有意义的话语，它们既不真也不假，比如施为句就无真假之分却有意义，也就是说说话人可以以言行事。塞尔认为，任何语言交际模式都涉及言语行为，语言交际的基本单位不是通常人们认为的符号、词语或语句，甚至不是符号、词语或语句这样的表意标记，而是言语行为。在一定条件下，形成的句子就是以言行事行为。以言行事行为是语言交际的最小单位。塞尔的这一观点是继奥斯汀之后对自然语言中交际单位的重新认识，开辟了从行为角度去探索语言使用的新道路。作为诸多社会行为之一的言语行为其社会属性是不言而喻的,因此,言语行为理论更突出了语言的"社会性"。

另外,从语用学和认知派的研究方法的差异上也赋予了话语合作的"社会性"特质。心理语言学普遍采取心理实验的方法,使用的是非严格意义上的自然语言,即受控制的字、词、句来测试人们的心理反应。这种方法注重的是个体的心理和认知机制,与以考察自然语境中的语言使用情况、探求语用规则的语用学研究方法是迥然不同的。可以说认知派注重个体性,而语用派注重社会性。

从语用学的定义来看,传统语用学关注的主要是言语交际的社会层面的因素,当然认知语用的发展融入了更多认知科学的发展成果。笼而统之,语用学就是研究语言使用的学问,这里我们且不探讨"语用学"的定义,但这门学问最为关注的两个基本概念——意义和语境,则无疑是具有社会属性的。因此,可以说语用学所关照的主要是言语交际的社会语用层面,而作为其中重要的理论之一的"合作"必然体现和反映出了这种社会性。虽然传统的语用学理论中并没有提出"社会性",但是其理论的哲学思想都是基于将语言作为一种社会现象,研究对象采用的是社会交际中的自然语言,研究方法也是以思辨为主的有别于心理语言学的实验方式,因此,传统语用学关注的是言语交际的"社会性"因素。这里提出"社会性",一方面是出于区分认知层面的分析,另一方面是出于对"合作"的社会语用视角的综合性研究。

(二)意图性

社会-认知观的提出者、语用学家凯奇凯斯曾在次讲座中明确提出"合作是以意图和关联为导向的,即意图性和关联性是话语合作的主要特征"。意图又称意向,是哲学、语言学、文学、心理学等学科研究中所涉及的重要概念之一。所谓意向性,指的是任何心灵活动都必须指向或涉及某个对象。利奇说过,语用学首先是讲动机的,尽管他没有明确提出"交际意图"的概念,但他使用"motivatiori""conversational goal"及"reflexive intention等术语表明其已认识到言语交际系统中启动机制的存在和重要性。意图是整个交际的始发机制,心理语言学和语用学都认为"意图是说话的起始点"。当然,交际者是如何产出意图,交际对象又是如何认知对方的意图的,这是一个十分复杂的动态认知过程,不仅涉及语用学,更离不开认知学、心理学、信息加工论、控制论及社会学等领域的相关知识。

格赖斯提出了交际中的意向(意图)问题,将人们从传统的偏重语义的做法中解放出来,回到常识性的交际意向上来,完善了人们对交际过程中意义的理解。关联理论进一步完善了意图问题,提出交际只不过是一个适当的言语行为,该行为在意图的听话者那里会激发一种确切的和可预见性的关联的期待。而言语行为理论则硬性规定了意图在话语理解中的作用。可见意图在话语合作过程中起到了不可替代的作用,意图性是话语合作本质的属性之一。

三、话语合作的认知解析

(一)脚本理论与话语合作

对于话语交际的心理认知,自从巴特莱特采用记忆的图式结构来分析具有普遍性的社会文化知识之后,许多认知语言学家和计算机科学家都提出了各自的理论模型,如兰盖克的弹子球模型和舞台模型、塔尔米的力量动态模型、莱考夫的动态意象图式、沙克和艾贝尔森的脚本理论和王寅的事件域认知模型等。但就习惯化、定型化的事件序列的解释而言,还是脚本理论更具有影响力,得到了学界的公认并成为认知语言学的一个研究热点。

脚本是一种事件序列的心理认知模式,我们认为这种模式与人工智能当中的自联想—预测模式有着同样的神经机制理据。霍金斯和布拉克斯莉在他们的《On Intelligence》一书中接着指出:人的大脑皮层很大,因此有相当大的记忆容量,它能不断地预测你将要看到、听到和感觉到的东西,而且大多数都是在你不自觉的情况下发生的。你体验的世界各部分的顺序是由世界结构所决定的,你用以体验世界万物的序列反映的就是世界的恒定结构。

我们的恒定的记忆也是有关事件序列的记忆。为了使大脑的整个体系能够正常运作,你不得不在学习序列期间传递一个恒定的模式。在学习序列之前,你可以传递细节,但在你了解了序列之后,当你能成功地预测哪些垂直柱会被激活时,你应该只传递恒定的模式。从中我们可以看出,"恒定模式"就是脚本理论中的"事件序列"在脑神经中的反映。在实际的生活中,我们都有类似的生活经历,如当你经过楼道的走廊到达你家门前的时候,如果没有外界的干扰,我们掏钥匙、找锁孔的行为动作都是种自然的、预测式的过程,甚至我们都不需要看锁孔的位置就可以准确地将钥匙插入锁孔,从而将门打开。又如在餐馆就餐时,如果服务员一开始就给你上甜点,你会觉得十分诧异,因为就餐的事件序列预测的是甜点是最后上的。思维的预测功能无疑是事件序列规约化的呈现。一般来说,预测过程是无意识的,只有当"恒定的序列"受到破坏时才会被意识所察觉。

话语交际是人类思维的外在表征。如果说人类的思维本质特征是自我中心的,那么在我们可以观察到的实际的自然语言会话中的"合作"又作何解释呢?我们认为,除了语用学主张的大脑的语用推理能力之外,由于长期的日常生活经验所形成的诸多的"脚本"是促成话语合作的一个重要的原因。一般说来,人类经历过许多共同的"脚本",当你进入某个特定的脚本时,你的思维会自动激活脚本中的事件序列,做出相应的预测,并用言语表达出来。另外一方面,某些特定的语言形式和该序列形成了一种稳固的关联,所以通常在我们熟悉的语言环境中,交际话语的输出几乎也是无意识状态的,这也是从言语行为上看,我们的日常会话是如此"合作"的原因之一。

(二)分布式认知与话语合作

言语交际中的合作性还可以从认知方式上得到解释。"认知派"趋向于将认知看作个体内部的过程,因而从个体思维运行的角度得出了交际中的"自我中心"论。从分布式认知的理论角度进一步探讨话语合作,主要包括两个方面:一是分布式认知本身的认知方式有助于实现话语合作;二是文化作为分布式认知体系保证了话语交际的"合作性"。

自二十世纪五六十年代以来,研究者们对认知的理解经历了一个从单一的心理过程到各种心理过程交互作用的复杂系统的认识过程,即将认知看作个体内部的过程。其中虽然他们也承认环境、文化等的作用，但他们关注的焦点依然是社会环境和历史文化中的个体，有学者认为"这种对认知理解的局限性在于把个人和环境作为彼此独立的因素来对待，而不是把情境与个体作为整合的系统来看待"。二十世纪八十年代中期，一些学者明确提出了分布式认知概念，认为它是重新思考所有领域的认知现象的一种新的基本范式。分布式认知的理论和方法来源于认知科学、认知人类学以及社会科学，该认知理论将头脑中的思维过程与外界环境放在一起，认为内部过程和外部过程之间的联系涉及内部资源和外部资源之间的协调。由此可见，分布式认知将个体和环境看作一个整体的认知系统。所谓的个人和情境的整合系统指的是"认知是社会共享性的或分布性的"。而所谓的"分布"则意味着认知是"延展性的"，是"关系间的"，它分布于思维、个人、符号和物理环境之中，在由个体与同伴、教师或文化工具组成的系统中发挥着共同作用。在这个意义上，知识是一个共同的社会性建构过程，这个过程通过指向共享目标的合作努力而实现，或通过因个人观点不同而导致的对话和论战而实现。分布式认知不是把个体作为主要的分析单元，而是把个体在社会、文化技术活动背景中的系统作为一个大的分析单元，它突破了将认知看作是个体内部过程的传统认知观，强调发生于活动过程中的认知是个体与情境的整合系统。同时，分布式认知也强调认知在个体头脑中是分布性的，这种特性主要体现在大脑功能区的形成和区分上。个体认知与社会的和文化的分布式认知之间是一种交互式、螺旋式发展的互动关系。无疑，大脑是一个复杂的动态系统，具有社会性。因此，外部的环境不仅是一种信息的来源或者输出地，也应该是思维的一部分，例如一个学历史的学生将历史事件整理出来，写在小卡片上，做好索引，在适当的时候来帮助自己回忆。在分布式认知看来，这些卡片正是作为思维延伸的工具，帮助学生将认知的负担转移到了环境，使得环境也成为认知的一个重要部分。

分布式认知的个体认知和环境资源的整合观揭示了人类认知过程的效率性和全面性。大小计算机协同作业的过程中有两种操作方式能够很好地说明这个特性。第一是将整体的任务细分并指派给不同的计算器，这种方式的问题在于一方面很难做到对于任务的确切的、有效的切分，另一方面是其操作过程当中的偶然因素很难控制，比如说某台计算机没有按时完成作业，或者有的计算机甚至在运行过程中崩溃，这样局部的甚至一台计算器的意外故障将直接影响整个作业的进程。另外一种方式是"并行分布式计算"，也就是将整个任务的蓝图和实际的内容都指派给每一台作业的计算器，同时给出分工的意向性说明，让计算器自行调节实际的分工和协同作业。这种方式的负面影响在于"高成本"，因为每台计算器由于需要整个作业的信息而占有大量的内存，在运行过程当中需要协调而影响单位计算器的计算速度和能力，但是其优势在于这种体系具有很好的伸缩性和反馈性。

对于言语交际而言，存在于交际个体之间的就是一种"并行分布式计算"：一方面，同一个语言集体共同的社会文化背景形成了"整个任务蓝图和实际内容"；另外一方面，自我经验和个体知识又形成了"分工的意向性说明"。在实际的话语交际中，共同背景形成了交际的基础，而自我经验产生了交际的动力。很难想象没有共同语言知识的人群之间是怎样进行交流的，如我们经常可以看到来中国旅游的外国游客和小摊贩主之间用手势比画的场景，可以说他们是在用一种更广泛的共有知识，即身体语言，来弥补语言共同知识的不足，从而达到沟通的目的。同样，没有个体知识，即对于受话来说的新信息，一个对话也很难形成，如在南海守礁的战士很快发现同一个班的战士之间已经没有任何话题可以谈了，因为由于没有外界的信息，能说的都说过了。

另外，根据分布式认知，在具体的会话中交际者还会注意到外部环境，如时间、地点、交际对象等客观因素，这样从整体上有助于话语合作的实现。如上面所提到的，分布式认知较传统的认知的优点在于分布式认知将社会和环境因素纳入认知体系当中来。如同卡片可以作为思维延伸的工具，这使得环境成为认知的一个重要部分，交际者经常把自己的思维延伸到他人或者交际对象的知识经验中去，将他人的知识经验作为自己认知的一种延伸，从而使得话语交际能够"合作"进行下去。

分布式认知与话语合作关系的另外一个重要的方面是文化本身作为分布式认

知体系保证了话语交际的"合作性"。作为一个言语集团或者社会联盟，无疑是以共有知识作为基础的，共有知识越多则交际越经济，因为听话者能从话语的编码中获取更多的推理信息。信念和知识是分布在社会集团成员中的，并能促使该集团形成统一性，但其共享程度却是不同的。有学者认为文化图式的组成成分并不是同一个文化网络的成员完全共享的，而是在成员个体的思维中以分布式的方式存在的，也就是说集团成员不是通过拥有同一个文化图式而成为同一个社会集团的，而是在具有一般意义上的、核心的文化图式的同时发展了不同的图式来或多或少地表征整个文化图式。相似地，还有学者提出了"多种文化模式"，并认为总的文化图式是建立在个体的基础上的。有学者提出的文化模式其本身就是分布式认知模式，该模式旨在研究怎样体现行为以及怎样诠释其他人的行为，定义集体成员关系和社会实体。还有学者认为社会就是一个由单一计算器组成的网络体系，个体的分工是和集体的运作紧密结合在一起的。在此当中，文化便扮演着网络系统中"总开销"的角色，代表的是多元化的共有信息，其作用在于能够促成行之有效的合作。在这种语境下的"文化模式"代表的是一种或各种相关的信息是怎样相互分享、转化、整合并解决问题的过程。这种文化模式的整体同一性无疑是话语合作的社会文化基础，而个体性又揭示了互动交际中自我"的一面，是言语行为自我中心表现的社会文化渊源。

文化，从本质上来说是社会性的，是与特定的言语集体密切联系在一起的。从这个意义上来讲，文化并不是由你所知道的或者我所知道的组成的，而是作为一个集体而言的。个人的知识经验中必然包括你所在的言语集团的文化因素，当然不可能是全部，同时个体独有的一些知识经验又会或多或少地影响整个文化，如哲学家、作家等的思想有时候会对现有的文化造成很大的冲击。因此，个体和文化处于一种动态的关联中，并且文化作为分布式认知体系本身从社会认知角度给话语合作提供了另外一种很好的解释。

第二节 自我中心现象与本质

一、语言与交际的自我中心现象

(一)语言的自我中心性

所谓语言的自我中心性是指人类自然语言的本质——"人类中心性",反映这一特征的核心范畴是"语言个性"。从这个角度看,语言自我中心性与当今学界采用较多的"语言主观性"其实是同一概念。所谓"语言个性"是指人类的言语组织和认知能力,包括掌握语言结构复杂性的程度、反映现实的深度和精度、表达一定意向的潜力等方面。而主观性指语言的这样一种特性:在话语中多多少少是含有说话人"自我"的表现成分,即说话人在说出一段话的同时表明自己对这段话的立场、态度和感情,从而在话语中留下自我痕迹。与语言主观性密切相关的概念是"主观化",指语言为表现这种主观性而采用的结构形式或经历的相应的演变过程。在语言结构层面上,语言中一些词类和语言结构都暗含着"自我"这一标志语言主观性特征的语义成分。

在语言的"人类中心性"研究方法中,"语言个性"是核心概念之一。人及其行为因素在语言中的反映表现为"语言个性",包括交际中言语主体所选择的语言形式、言语主体的社会属性、性格特性及心理状态等。研究"语言个性",就是研究人的个性化言语特点。由此可见,语言个性研究针对的是言语主体特征。话语的"自我"内涵表明语言具有非命题性特征的一面,这种特征在话语中无处不在。说话人不但可以通过句子结构、词语、语调以及身体语言来体现自我,还可以通过时、体等语法概念来体现自我。本维尼斯特甚至强调"语言带有的自我中心性印记是如此深刻,以至于人们可以发问:假如语言不这样构造的话,它究竟还能不能名副其实地叫作语言"。另一方面,虽然自我中心性存在于语言使用中,但实际上,语言通常只有一部分成分是专门用来明确表达主观性的。

语言的自我中心性无疑是认知语言学所关注的热点，国内外学界对于语言的主观性和主观化都有广泛的探讨。对主观性和主观化的研究范畴主要集中在以下三个方面：（1）说话人的视角，即说话人对客观情状的观察角度；（2）说话人的情感，包括感情情绪意向、态度等；（3）说话人的认识情态，主要跟情态动词和情态副词有关。

在日常会话中使用空间指示语，不仅充分体现了说话人的视角和情感主观性等特征，而且其语义描述也反映了语言的主观性。有学者指出，"交际者将指示中心周围的环境投射到一系列的空间指示词语中，通过这些词汇来反映与说话者身体及视线关联的目标的位置"。可见，人类的认知能力将语言与外部世界连接起来。空间指示语的语义义素反映说话人对于自己概念领域认知上的划分和对于外部世界的相互作用，体现了概念化的过程。空间认识深植于说话人对于外部世界概念性的相互作用的自主解释，而不是以种静态的被动的方式进行的。另一方面，在自然话语里，概念化机制使得说话人通过空间指示语的使用将内在的概念化知识运用于外部世界。为了与受话人分享情感或态度，说话人调整自己的立足点以及投射指示中心，使得交流能够有效进行。

（二）自我中心性语言表征

空间指示语通过交际者在具体的物理和心理环境中的相对关联来体现语言的自我中心性，还有一些语言形式具有形态、结构、内容上的自我中心特征。

第一，词汇中所有在语义上具有自我中心性质以及在针对发话人态度上具有常规自我中心功能的都属于自我中心表征。

1.表示"意见""看法"等意义的词。

这类词除了表示心智过程的语义特征外，还含有个性评价态度，即将显性的主观意识引入语句，反映言语主体的概念世界。如：

（1）我想 …

（2）我认为 …

（3）我本以为 ……

（4）我们不认为……

2. 表示"认识"意义的词。

这类词反映言语主体对现实、事实、真理、报道内容的毫不怀疑的信念。如：

（1）我们坚决支持这个想法。

（2）我相信当前的经济会上升。

（3）我们共产党人坚信革命一定会取得成功。

（4）我很认同这篇报道所持有的观点。

3. 表示情感态度的动词。

（1）我爱这座城市。

（2）我们都喜欢这部电影。

4. 情态词以及表示"可能"或"不可能"意义的词。

（1）你可能会成功！

（2）也许明天会下雨。

（3）没有付出，就不可能成功。

（4）有了决心，才会实现目标。

5. 表示言语行为主体较高肯定程度的副词，及表示"应该"意义的情态动词。

（1）实际上，这个计划已经被否决了。

（2）今年你应该去看看你妈妈。

（3）我是真真正正地爱着你的。

（4）你本应该上个礼拜就来的。

6. 表示关系意义的形容词。

（1）很明显你这次考试不及格。

（2）我的意思是再明显不过的啦。

第二，英汉语中很多的固定表达也充分展示了语言的自我中心性。虽然这些表达已经"固化"或"语用化"，其意义已不是简单的字面意思的组合，但他们都是直接来自人们身体体验并将其投射到抽象实体上的结果，也就是说这些表达是主观经验的语言形式化或者主观化的结果。

1. 谚语和格言。

（1）己所不欲，勿施于人。

（2）人有恒心万事成，人无决心万事崩。

（3）不以物喜，不以己悲。

（4）好好学习，天天向上。

（5）活到老学到老。

（6）天网恢恢，疏而不漏。

（7）旷野有眼，森林有耳。

（8）水火不容。

（9）忠言逆耳利于行。

2. 成语。

（1）洁身自好。

（2）仁者见仁，智者见智。

（3）掩耳盗铃。

（4）情人眼里出西施。

（5）己所不欲，勿施于人。

二、自我中心表象的动因

（一）自我视角

"视角"概念原本是属于文艺学理论研究范畴的，传统研究也主要将"视角"局限于叙事学和社会心理学中。在他们看来，视角只不过是一个相对静止、侧重个体研究的概念。

"视角"一词源于拉丁语 perspective，原意是"透视"。现在"视角"这一词语本身已经隐喻化了，它是指人们看待或描述某一事物的方式。毋庸置疑，我们在观察和思考时都是从一定的角度出发的，同样我们在交际时也是从一定的视角为出发点的，在此过程中，我们会选择某特定的视角来表达我们想要表述的内容。

另外，沈家煊也认为，"视角就是说话人对客观情状的观察角度，或是对客观情状加以叙说的出发点，这种视角主观性经常以隐晦的方式在语句中体现出来"。人类对于客观世界的感知反映了感知者特殊的视角，因而可以说感知报道是自我中心的，因为一个情景是从感知者的角度来感知的，这种范畴表明了一种特殊的视角。

言语交际"自我中心本质"的提出者凯撒也十分看重"自我视角"在交际过程中的作用。有学者认为，人的大脑存在一个能够解读交际对方大脑思维的机制或者模型。凯撒对此观点提出挑战，认为人们在日常的正常的言语交际中并没有像一般语用学所设想的那样考虑对方的思维状态。一般情况下，说话者不会基于对方的信仰和知识来设计话语的输出，而听话者也不会考虑说话者的知识和信仰状态来进行话语理解。当然这不是绝对的，人们在某些时候确实会考虑会话对象的思维状态，但这不是一个系统的运作方式。也许正是基于这种看法，凯撒提出了人们在交际过程中人们能够实现交际并不一定是他们遵循了合作原则。问题是，为什么人们在话语交际中并不一定遵循所谓的"共有知识"？为什么人们不会系统地考虑对方的思维状态呢？有学者认为其原因是我们自己的视角、知识和信仰总是优先于他人的视角、知识和信仰，我们自己的视角并不会支持合作原则的设想，因为从他人的视角来考虑必然会花费更多的精力和更多的时间。可见，认知派关于视角的阐述可以很好地解析误解产生的原因，即误解并不是因为交际中干扰因素所造成的结果，也不是言语交流系统中的不和谐音符，而是一种基于自我视角的系统思维方式所导致的必然结果。

1. 心理空间的自我视角

心理空间同样具有视角差异性。心理视角的转换往往具有表达主观情感、立场和态度的语用功能，如用"我就来医院"而不用"我就去医院"就体现了说话者同情和关切的心情。相反，如听者没能觉察到说者的视角转换则无法真正的领会其情感意图，很有可能造成共建失效与误解。

2. 态度词的自我中心视角

在日常言语交际中，说话者经常对某个事物或者话题偏向表达强烈的个人态度,而不是基于听话者理解或可接受基础上的,甚至在某些时候说话者试图去掩饰这种态度,但由于强烈的反对情绪,以至于类似的话语仍然会不由自主地表露出来。态度词语,尤其是负面态度表达无疑是基于自我视角的,是交际者想将自己的态度表达出来的强烈愿望所导致的结果。

(二)自我信念

"信念"历来是哲学、心理学、认知语言学及语用学所关注的重要概念,同时又最具有争议。哲学家休谟曾经发出过这样的感叹,"信念似乎从来是哲学中最大的神秘之一"。

切夫区分了五种知识模型,即信念、归纳、听说、感官证据和演绎。每种模型都有其相应的知识资源。切夫认为信念并没有一个清晰的知识资源,信念是一种"知道"模型,即人们相信事物是因为他们相信其他人也相信该事物,简单地来说就是"他们想要相信该事物"。一些研究证明,信念是人们建立在"共有知识"上的,具体地来说就是"知识为一群有着共同社会文化背景的人所接受"。比如一个人说"我想现在给她打电话已经太晚了。"或者"我现在不会给她打电话,太晚了。",在西方社会看来该话语是有效的,因为西方社会普遍接受的文化模式(信念)是"太晚了打电话给别人是被认为不礼貌的"。另外,一般共有知识的信念又可以分成集体信念和个体信念。集体信念又称为"共同信念",即我们相信该命题:我相信,同一个语言集团的其他成员也同样相信。简言之,"共同信念"指的是为同一个社会文化社团所接受的信念,具有同一性"自我信念"指的是个体所独有的知识模型,具有争议性和矛盾性。自我信念是集体(共有)信念的衍生词,是认知派在关注自我中心现象时所着重提出来的。

另外,交际中的错误信念也是屡见不鲜的,这也是形成自我中心现象的一个主要原因。错误信念指的是与现实不符的一种心理状态,例如,小明在自己的房间里玩,可是妈妈为什么会到外面找他呢?这是因为妈妈以为他在外面,错误信念导致了错误的行为。再来看一个经典的错误信念任务范式:萨利把巧克力放入盒子中后就去外面玩了,这时安进来并把巧克力放到了篮子里。问题是当萨利回来时会到哪里寻找巧克力呢?4岁以下的儿童通常不能正确地回答这个问题,认为萨利会到篮子里去寻找;而4岁以上的儿童则认为萨利会到原来放巧克力的位置——盒子中去寻找。对此,伯奇和布鲁姆解释为"知识偏差"现象。所谓"知识偏差"就是当个体自己知道某个事实或知识时,就倾向于认为别人也知道,而实际上对方是一无所知的,并且他们认为成人在对待信念问题时也会出现类似的现象,尤其是当成人所面临的虚假信念任务比较复杂的时候,会表现出自我中心的趋向。诚然,儿童随着年龄越来越大,自我中心的趋势将会消减,但是成年人就完全没有因自我信念而导致自我中心现象吗?伯奇和布鲁姆的实验证明5岁大的孩童已经能够预料萨利将会到她自己相信的地方去找糖果,而不是他们所知道的正确的地方。但当问到萨利在其他别的地方寻找糖果的可能性时,就连成人也趋向于认为萨利将会到他们所知道的确切的地方去找,这是因为他们知道藏糖果的确切地方。这说明人们在思考其他人的信念和诠释他们自己所说的话的时候是趋向于自我中心的。

(三)自我知识

如果说自我视角、自我信念还具有主观选择性的话,即交际主体有意识运用自己的视角和信念来体现主体的观点和情感,那么自我知识则是构成自我中心式思维体系的基础。

"(世界)知识"这个概念本身就很模糊,语言学、心理学和其他的科学等都没有统一的、明确的界定。范戴克将知识划分为"具体的""个人的""一般的""抽象的""虚构的"和"社会文化的"五类。对于知识和信念之间的关系,一般来说知识是一个上位概念,其中包括了信念部分。具体而言,哲学界对此尚存在不同的看法。古希腊大哲学家柏拉图对知识有过比较多的论述,他在《国家篇》中区分了知识和信念,认为知识是对永恒不变的事物本身的认识,而信念世界是永恒不变的;笛卡儿把清楚明白的判断作为知识可靠性的依据,实际上是把信念当作知识的必要条件;而斯宾诺莎把信念当作知识的一种。我们认为康德的划分比较清晰明了,"意见是一种主客观根据都不足的判断;信念是主观上有充足根据而客观上不足的判断;知识则是主客观都有充分根据的判断"。这里,如同信念可以划分为共有(集体)信念和个体信念一样,"自我知识"指的是相对于"共同知识"而言的个体独有的知识部分。当然,"自我知识"也是一个相对范畴,是相对于交际对象来说的。在跨文化交际中,本民族的文化背景知识就成为一种"自我知识",在与同一个文化背景的人交流时,地域性的知识背景又成为一种"自我知识",甚至在与自己的朋友、家人交流时也有相对的"自我知识"。因此,本书的"自我知识"是一个动态范畴。

与"自我知识"相对应的是"共有知识"或者"共同背景"。后者是语用学十分重视并认为是话语合作不可或缺的因素。在传统语用学看来,许多误解或者交际失败被归因于交际双方缺乏"共有知识"。诚然,很难想象没有共有知识的交际双方是如何进行交流的,但我们认为,如同"自我知识"一样,"共有知识"本身也是动态的。严格地说,其范畴是很难界定的。一般来说,我们很容易搞清楚对方不知道我什么,而很难准确估计我们共同知道什么,其根本原因在于"共有知识"是主观性的一种估计。由于记忆差异等原因,你仍然清楚地记得的"共同知识"也许在他或她那里已经彻底忘记了。有些学者甚至将"共有知识"看成记忆,认为"共有知识是一种交际双方所产生和遭遇到的信息,这种信息被编码存入短时或长时记忆中并作为即时的或者后来使用的资源"。

另外,语用派将共有知识作为交际者预存的思维状态,而认知派提出共同背景也具有偶然性和即时性。有学者认为,在语言生产和语言理解过程中交际者都会违背共同知识,这种行为被称之为自我中心行为。其他的研究也表明,交际的自我中心表现其实达到了一种令人吃惊的程度,尤其是在交际起始阶段。他们甚至认为"共有知识"更多是起到一种监控和纠错作用,而不是一种日常语言处理的内在机制。

(四)思维与认知的自我中心性

语言和交际中的自我中心现象是思维和认知的表象,那么产生这种表象的思维运行和认知机制本身是否具有自我中心特性呢?也就是说,自我中心表象是否可以在思维和认知的源头上找到答案呢？"自我中心"的本质就是"省力"，体现为思维运行上的"经济性"和认知体验上的"自我性"，它们必然有着密切的联系。

既然思维经济性已经得到学界的普遍认同，那么思维的自我中心性和思维经济性在本质上应该是一回事，因为都是为了省力。人的思维具有自动性，那些记忆中最为熟悉的、习惯的、程序化的意象图式往往成为思维自动运行中的首选，因为这种连接是最快的、最省力的、最经济的。其次，从"凸显"和其他相关思维机制的关系中也可以看出，所谓"连通主义""自联想—预测""缺省思维"等的共同特点是以交际主体已知的、个体的、主观的知识图式为基础的思维活动。说通俗一点，所谓思维自我中心性就是在思维的运行过程中总是趋向于那些容易捕捉的或者凸显的信息。另外，有关自我视角、自我信念和自我知识的探讨，也都体现了思维的自我中心性。其次，认知的自我中心性在认知语言学的哲学基础"认知体验性"当中已经有了较充分展示。"体验"是大脑状态和神经活动的体现，认知语言学是建立在思维和语言的体验本质上的。莱考夫和约翰逊明确提出了"体验哲学"这一理论，并将其核心内容总结为三条基本原则：1）心智的体验性；2）认知的无意识性；3）思维的隐喻性。莱考夫和约翰逊指出："概念是通过身体、大脑及其实际的体验而形成的，并且只有通过它们才能够被理解；图表是通过感知和肌肉运动能力而得到的。"从中我们可以看出，"心智的体验性"指的是我们大部分推理的最基本形式，它依赖于我们所处的空间（地点、方向、运动等）和自己的身体（包括器官、身体与环境的相对位置、关系等）。我们的祖先就是从认识自我开始认识世界的，因此基于自我中心的方位空间和身体部位是我们形成抽象概念的两个主要基础。祖先的思维具有"体认"特征，也可以说是"自我中心"特性。人们在经验和行为中形成了范畴和概念，与此同时也就形成了意义，因而范畴、概念、推理和心智并不是外部现实客观的、镜像的反映，也不是先天就有的，而是人们在对客观外界感知和体验基础上通过认知加工而形成的。可见，认知语言学的基本观点"人类心智是身体经验的产物"蕴含着认知的自我中心性。

同样，"认知的无意识性"和"思维的隐喻性"也体现了思维的"自我中心"

特性。认知的无意识性是指我们对于心智中的所思所想没有直接的知觉，我们即使理解一个简单的话语也需要涉及许多认知运作程序、神经加工过程，这中间的分析是如此复杂，运作如此之快，即使我们集中注意力也不能够觉察到，而且我们也不需要做出什么努力就能进行这种自动化的运作。莱考夫和约翰逊认为"人类有意识的思维仅是冰山一角，十分保守地来说，无意识思维至少占95%"。那么，这些比例巨大的无意识思维是如何运作的呢？认知语言学认为，这种无意识认知就像一只"看不见的手"在指挥我们对经验进行概念化，而这种无意识推理的手段就是"隐喻"。体验哲学认为隐喻具有三种基本性质：（1）体验性；（2）隐喻式自动的、无意识的思维模式；（3）隐喻推理使得大部分抽象思维成为可能。不但如此，我们同时认为无意识思维和隐喻思维与凸显机制一样也应该遵循我们上面所提出的思维经济性原则，因为人类的行为普遍遵循"省力原则"。隐喻的本质是一种用具体的或已知的概念去组织抽象的或陌生的概念的认知机制，因此隐喻式的词汇和陈述就是用已知的、熟悉的概念去表达陌生的、抽象的概念。

如果对交际对象的视角、信念、知识的估计必须是一种有意识的、花费精力的思维过程，那么自我视角、自我信念和自我知识思维活动则大都是一种无意识的行为，如思想飘忽、口误、情绪性表达和模仿等。就隐喻而言，尤其是说话人在使用新奇隐喻时，他们在选择源域的过程中就是一个典型的自我中心思维过程，往往体现了说话者独特的、新奇的感受，为的是达到一种出奇的、新颖的甚至幽默的效果，如当今大学生流行语中的"方便面""恐龙""猪头""孔雀""革命"等。这些隐喻对于其他社会群体的人来说一般很难理解，也说明共有知识是相对的、动态的。另外，不难想象这些隐喻的发起者在发明这些隐喻时完全是从自我视角和自我知识出发的，为的是创造一种新的认知角度。"自我中心"不但体现为一种交际或语言现象，同时也是思维和认知的本质特征。

第三节　交际中的互动协同

一、合作与自我中心的对立统一

（一）合作与自我中心的异同

欲将合作和自我中心这两种不同的言语交际观纳入同一个理论框架和研究视角进行统一分析，必须先要弄清楚两者的异同。

1. 两者的不同之处

（1）理论视角不同

格赖斯提出的合作原则和各项准则是从语言哲学的角度来构建一般的会话原则及交际者语言表达形式和内容的具体规定。语言哲学是从哲学角度来分析与语言有关的问题的学科。作为日常语言哲学家，格赖斯注意到自然语言是完善的，不需要逻辑语言来替代它。他认为自然语言比逻辑语言表现出来的更多的意义来自语言运用而不是语言系统，也就是说这些多出来的意义是会话含义。从这个意义上讲，合作原则和会话含义理论是为了解释逻辑语言与自然语言的表面差异而提出来的。三十多年来，合作原则得到了补充和完善，成为语用学的一个重要领域。另一方面，自我中心交际观是认知派（抑或心理语言学）提出的，广义上来讲，包括认知语言学的"语言自我中心理论"。心理语言学是研究语言使用者的心理过程的学科，凯撒等人代表了心理语言学派，继承了皮亚杰和维果斯基的儿童自我中心观点并开拓性地提出了成人与儿童一样在言语交际思维过程中也存在着自我中心表象的观点。

（2）两者的研究对象不同

语用学是研究语言在实际运用中的学问，作为语用学代表性理论之一的合作原则，其研究对象是日常用语，即在具体语境中使用的自然话语。基于此，合作原则的贡献在于提供了一套理解自然话语的理论。格赖斯的主要贡献并不是宣称话语应该遵守合作原则和诸准则或特殊话语一定要遵守这些准则，而是注意到了

"会话交际受一定准则的制约",这有助于我们解释话语表面不符合逻辑的现象,以及解释话语所传递的言外之意。而心理语言学或以认知科学为主的认知语言学,其研究对象和研究方法更具自然科学特征,其核心研究范畴包括语言产生、语言理解、语言习得、心理词汇、语言与思维的关系等。因此与合作原则不同,凯撒等人更关注个体思维在语言交际中所处的状态和所扮演角色的作用。

(3) 两者的研究方法不同

由于研究理论视角和研究对象的不同,必然会导致研究方法上的差异。传统语用学基本上都是采用内省法和归纳法。著名的语用学家如格赖斯、奥斯汀,塞尔等,他们都首先是哲学家,并且那些对语言学产生重大影响的论文首先都是发表在哲学研究刊物上的。作为哲学研究领域分支的语言哲学不但为语言学的研究提供理论指导,而且也提供了方法论启示,这无疑直接或间接地影响了语言学家的研究。因此,诸如合作原则等传统语用学的研究方法基本上都采用了语言哲学研究的内省、演绎等思辨方式,同时也融合了一般语言学的描述归纳的方法。而心理语言学的研究方法则多以定量型实验方法为主,这种方法往往将新的语言学理论所提出的规则和表达置于处理模型中。可以说,心理语言学从认知科学的发展中获益,同时对现有语言学理论起到一种检验作用。无疑,语言学和认知科学的结合使语言研究产生了新的活力,这也是认知语言学在当今成为一门显学的原因之一。具体就"自我中心"而言,该理论也是基于凯撒等人通过大量语言实验而得出的结论。凯撒等人的论证是解构式的。为了证明合作原则和共有知识等并不像语用学所描述的那样对言语交际起决定性的作用,他们根据具体不同的推论设计了不同的实验。可见,合作原则是建立在对日常话语观察上并通过内省和归纳提出了描写言语交际的一般性规则,而自我中心论是基于具体实验在对合作原则做出质疑的基础上提出来的。总之,语用采取的是一种"自上而下"的方法,而认知采取的是一种"自下而上"的方法。

(4) 两者主要理论观点的对立

总的来说,自我中心理论是基于对合作原则的批评发展而来的。具体而言,两种观点争论的核心焦点是"意图"和"共有知识":语用派认为"意图"和"共有知识"是交际者大脑中的一种"预设",即"意图"和"共有知识"是两种静态的交际要素,交际双方在识别对方的交际意图和正确估算出共有知识的基础上才能够顺利实现话语交际的目的;而认知派认为"意图"和"共有知识"是即时的、动态的,甚至是一种"后设"的交际因素,即交际的结果。

2. 两者的相同之处

(1) 两者都是思维机制的表象

格赖斯的合作原则讲究交际的意向性,即交际主体具有使得当前话语进行下去的意愿。如果说格赖斯意义上的"合作"是一种有意识的思维活动,即交际者有明确的交际意图,那么"话语合作"则包括了有意识和无意识思维阶段。"自我中心"作为思维运作的一种本质特性,其在语言和互动交际中也是以有意识和无意识思维的表征方式(大部分是无意识状态的)体现的。可见,话语合作和自我中心在思维本质上具有统一性,即都是思维机制的外在体现,对此,下文将采用凸显机制进行具体解读。

(2) 两者都是言语交际的有机组成部分

在传统语言学尤其是语用学看来,言语交际中的自我中心现象如"口误""飘忽""锚定效应""情绪表达"等都是交际中的错误现象,基于社会—认知观认为这些现象只不过是言语交际中的自然现象,是人类思维状态的真实反映,理应成为言语交际的有机组成部分。语用学注重普遍现象,提炼和归纳普遍规律,而心理语言学注重个体语言现象。我们认为这两种方法所证明的合理部分都是言语交际规律的客观反映,都应该在研究中受到同等重视。

(3) 两者是个体认知和社会互动的统一体

一方面,交际者的合作意愿是互动交际社会性的要求和体现,另一方面自我中心性体现了交际主体的个体认知思维状况。这两种观点分别代表了言语研究的认知层面和语用层面,但是它们并不是相互独立的,认知和语用都是语言科学研究中占重要地位的研究领域。同时,认知和语用关涉语言现象的两个方面,是相互关联和依存的。有学者提出"认知关照的是语言,是人类思维活动的维度;而语用关照的是在人类活动的各种语境中语言起到一种具体的作用"。因此"认知语用视角相对于语言现象的解释更充分",这也就是说对于任何具体的语言现象要同时从认知和语用两个维度进行整体分析和研究。由此可见,虽然合作与自我中心分属于不同研究视角并具有极大的差异,但它们在本质上具有同一性,是一个辩证统一体。

(二)凸显机制的统一解释

根据凸显机制,人的记忆中储存的经验可以划分为自我经验和共同经验,前者指的是由于个体独特的生活经历和认知过程所造成的个体独有的经验;后者指的是集体所共同占有的知识经历。集体是一个泛称,大到可以指整个语言集团或文化社会,小到可以指一个家庭或几个朋友之间。凸显发生是由经验为基础的,因此自我经验触发自我凸显,集体经验触发共同凸显。如"家乡对不同个体所触发的家乡图景是不一样的",但对于大多数中国人来说"天安门"所触发的图景几乎都一样。

然而,自我凸显和共同凸显也是辩证互动的。其理据有二:一方面,绝大多数自我凸显是:基于共同凸显的,因为个体的大部分知识是从社会交际互动中习得的,同时也相应地塑造着共同的社会文化思维模式;另一方面,自我凸显的内容将会随着交际的深入和共同凸显内容的变化而变化。可以说,许多由于误解或者理解不到位而存在的自我凸显意义将会随着自身知识的增长而调整。此外,共同凸显本身并不是指某个语言集体的成员都知道的事物,而是对于多数人而言的。就社会维度而言,凸显是一个相对的、动态的体系,包括两层含义:第一是指"集体"的范畴,第二是指共有知识的动态性。就范畴而言,"集体"至少是相对两人而言的,如好朋友、夫妻、父子、母女等;也可以指一个组织,如"同班同学""篮球协会""汉语史QQ群"等,大而言之甚至指整个语言集团如"说粤语的人群""老乡会""华文组织"等不一而足。第二层意思是指共有知识并非静止不变的,而是处于一种动态协调状态中的。就小集团而言,某一次会话所带来的新信息无疑会成为集体成员新的共有知识,是产生新的共同凸显的基础。就言语社团而言,词义的变迁就很好地说明了这个现象,如汉语"下海"从渔夫"出海捕鱼"演变为众所周知的"放弃铁饭碗从商"的意义,后来由于市场经济的发展而渐渐失去了原有的活力。同时我们认为,对于渔民来说"出海捕鱼"仍然是他们的凸显义。一般说来,范围越小、关系越密切的集体成员之间所具有的共有知识越多,共同凸显也就越容易,因而话语合作也就更流畅、更成功。因此,广义上我们认为共同凸显有两个内涵:一是"凸显度"当中词汇凸显义的社会认可度;另一个是不同语言集体对于同一个事物在概念上的差异。如上所述,"凸显度"对于个体和集体是有差异的,因此共同凸显的凸显义并不完全等同于自我凸显中的凸显义。此外,凸显机制对于合作与自我中心对立统关系诠释的另一个方面是"语境平行处理机制"对于凸显义的协调。

由此可见,所谓的自我经验和共同经验都是对具体交际场合中的具体交际对象而言的,并且两者都处于一种对立统一的关系之中。因此,源于经验基础上的自我凸显与共同凸显之间也就有了动态性,进而言语交际中的合作和自我中心也就有了对立统一性。凸显机制不但对合作与自我中心从思维本质上作了统一解释,而且对它们之间的辩证互动关系也给予了合理的解答。

二、话语交际是一个互动调整的过程

毫无疑问,言语交际是一个集体性行为,其中交际主体必须在内容上和过程中不断地进行互动和调整。汪少华用一个正常人的走路来比喻交际过程:当你从走廊的一头顺利地走到另一头,其中似乎没有什么如同火箭科学家关注的"中间纠正过程",但是在人体运动学看来,走路其实也是一个不断协调挫折的过程。在行走的过程中,我们经常会遇到几乎摔倒的情况,这时候你身体的运动肌肉会通过改变原来的复杂的工作过程而防止你摔倒,但同时这样又会引发下一步的危险,此时你就需要再次调整,直到你重新获得平衡为止。在此过程当中,你必须不断地根据你的运动感觉和视觉反馈来调整你的运动肌肉,而不是程序式的一成不变地进行下去。在某种程度上说,话语交际就如同走路一样,复杂的交际情景因素、交际意图的理解和共有知识、视角、信念的估计都随时可能对话与交际过程产生影响。这样，话语交际过程就需要交际主体不断进行调整，而在此过程中交际者必须不断追踪与背景知识有关的信息并关注交际对象其他的具体特征。

我们用凸显机制不但解释了具有"自我中心"思维本质的语言使用者在实际的言语交际中往往又显得那样"合作"的原因，也对交际中的合作和自我中心的统一性和互动性做出了解读。问题是，既然共同凸显机制保障话语合作的成功，为什么我们还要如此慎重地考虑"调整"问题呢？从另个角度来看，类似的问题是，既然调整如此重要，交际理论是否只研究调整问题就可以了呢？这是一个问题的两个方面，或者说是同一个现象的两个视角。如同传统语言学理论被认为是一种描述和规定性科学，而认知科学被认为是一种解释性科学一样，语用学提倡的合作原则在本质上是对言语交际的一种描述和规定，而心理语言学则更多的是通过实验从思维和心理本质来解释语言现象。当前的语言学理论都趋向将这两种视角和研究手段结合起来，所采用的 SCA 就是这样一种视角，其跨学科性和多维模式给语言研究提供了系统的和全面的研究思路。基于此，探讨凸显机制对话语合作的解释主要是结合社会和认知两个层面进行的，并且是从第三方即分析者的角度来看的，关注的焦点主要是社会文化认知和思维模式等，也可以说是采用一种相对动态的、共时的方法来分析话语合作的成因。从意识的层面上来看，凸显机制所关注的主要是交际者无意识运作机制，即思维对于文化模式或交际模式的一种自动的缺省的反馈过程。对于即时的具体的交际过程而言，如同凯撒提出的那样，"在交际的初始阶段自我中心思维起到一种决定性的作用"，我们认为无意识层面的思维活动起到的是一种基础性的、背景式的作用。而在交际的后阶段，交际者的意识监控显然起到了决定性的作用，这也是在言语交际中话语层面的自我中心表象并不多见而话语合作显得是那么"合作"的原因之一。虽然源于自我中心思维的自我中心的言语表象是不可完全避免的，但从交际的总目标"合作"的角度来看，自我中心的交际行为表象总是有碍于话语合作的顺利实现的，因而也是要尽量避免的。从这个方面来讲，交际中的有意识状态的调整就显得十分必要。

无意识的、自我中心式的思维一方面通过自动运行固定模式保障话语合作的基本实现，另一方面又从反面引发了自我中心的言语行为表象。对于后者的抑制也就成为交际主体有意识监控的一个主要任务，这也是话语交际需要不断互动调整的主要原因。对于话语的生产者来说，词汇和句型的选择有一个自我中心的思维过程，即说话者总是自我中心式地习惯于采用对自己来说熟悉的、使用频率高的词汇和句型来表达，但在某些特殊的场合，比如婚礼讲话、获奖感言等等需要自我监控程度很高的场合，熟悉的词汇概念和句法结构同样会在说话者的脑海中凸显，虽然最终的话语也许并不是他们所熟悉的或擅长的。我们注意到，有时候我们身边的朋友突然不说"人话"了，如故意打起官腔，或突然咬文嚼字，甚至说洋话。当然可以说这是交际者的交际意图在起作用，但我们认为交际意图也是受意识监控的一部分。同样的情况也发生在话语理解过程当中，由于语言形式和概念并不是一对等的关系，因此说话者发出的话语在听话者那里并不能马上形成完全对等的概念。

在交际过程中存在着大量的由于自我凸显太强烈而造成"口误"或者"失误"的例子，所形成的尴尬局面是不言而喻的，这时聪明的交际者往往能"灵机一动"将失误化解于无形，甚至出现另外的意想不到的效果。举例来说，一位高一语文老师在对《如何看待金钱》一文作总结时将名言"黑夜给了我一双黑色的眼睛，我却用它来寻找光明"说成了"黑夜给了我一双明亮的眼睛，我却用它来寻找光明"，面对全班的哄堂大笑，老师机智地说"这是伟人说的话，看来我成不了伟人呀！"老师机智的自嘲得到了全班热烈的掌声。当然，这种调整往往是意识到"错误"后进行的调整，但很多幽默的语言往往是交际者"预谋"的，他们巧妙地利用亚凸显义来取代凸显义，从而引发听话者新的联想，以此达到出奇的效果。

言语交际需要不断调整，其另外一个原因是交际本身的复杂性。在交际过程中，意图与注意、自我经验与共有知识、凸显与关联都形成了一种博弈关系，这样交际者不但要随时监控，而且要在此基础上不断调整，不仅包括交际主体的自我调整，也包括认知和交际策略的调整。总之，基于SCA的言语交际观不但关注思维运行的本质特征，也注重现时社会交际中的相关的其他因素，从而系统地、全面地看待整个言语交际的过程。

第四节 说-听言语交际模式

一、基于听话者视角的传统语用学理论

（一）格赖斯理论

格赖斯提出，话语理解可以分成"所说的"和"所隐含"的两个部分。作为现代语用学鼻祖、哲学家，格赖斯深受当时普遍认同的真值条件语义学的影响。我们注意到格赖斯赋予说话者的是真值条件语义部分，即他认为这部分对任何会话者来说都是真的，而剩下部分即隐含义，则是听话者所需要通过语用推理才能恢复的。从这个角度说，格赖斯的"会话含义（合作）理论"对于推翻传统的"语码"交际理论，建立新语用学体系起了重大的作用。同时，我们并不否认合作原则关注说话者意义，如 Saul 指出"格赖斯是强调说话者的意义的，其理论的特点之一就是要将隐含义作为说话者意义的一部分"。但值得注意的是，格赖斯理论中听话者对话语的推导是建立在说话者所提供的字面意义上的，这种字面意义远远不能代表说话者的话语意义。这一点在后格赖斯理论体系中得到了充分关注，如 RT 提出的"explicature"就更多地考虑了说话者的语境因素和主观因素。另一方面，说话者的意思，一般指会话含义，是基于听话者的推导之上的。我们也不否认这种推导机制，但听话者的自我因素必然会导致自我中心表象的出现，也就是说合作原则是以理想交际者为模型的情况，没有充分考虑个体差异性。这也是认知派攻击合作原则的焦点所在。如语用观所认为的"错误"，在 SCA 看来其实也是言语交际的有机组成部分，是人类思维的自我中心特性的表征。基于此，虽然格赖斯宣称"关注说话者意义"，本书认为它仍然是从听话者的视角来考虑的，因为从听话者视角并不能完全推导说话者所说的话的意义，另外仅仅从"所说的"这种真值性的字面意义来规范说话者所说的话的意义的推导也是不现实的。虽然合作原则启用了"共有知识"作为保障性工具，但如前所述，共有知识本身具有

偶发性和临时构建性，因此单单依靠听话者的推导，未必每次都很成功。

格赖斯在论述意义时说"一个说话者 S 通过 X 来意味着什么事情，就等于是说，说话人 S 意图让话语 X 在一个听者身上产生某种效果，途径是让听话人意识到这一意图"。这种关于意义的理论实际上也是种交际理论，其中关键的两点是"意图"和"对意图的认识"。可见，说话者的意图在格赖斯理论中起着十分重要的作用，但我们认为这些考虑是基于话语理解而不是话语产出，也就是说是种以听话者为导向的解释。显然，格赖斯对于说话者语用因素的排除将会导致听话者对于说话者意图有更多的误解，因为单凭字面意思而不考虑说话者语用因素是很难推断其真正意图的。

（二）新格赖斯理论

Horn、Levinson 和 Atlas 等新格赖斯主义代表人物主要还是继承了格赖斯的思想和原则。这里面具有代表性的有 Horn 的二原则，即 Q 原则和 R 原则；Levinson 的三原则，即 Q 原则、I 原则和 M 原则。新格赖斯理论为了使格赖斯的原则更加经济、简单和更具有认知的创造性，他们在不同程度上对格赖斯的原则进行了改造，这些改造总体上体现了一种还原主义的色彩。新、旧格赖斯理论相比较，其主要区别在于新格赖斯派发现格赖斯对于"所说的"的定义太狭隘，在实际应用过程中产生很多问题。因此，格赖斯对于语用和语义一刀切式的分割观点受到了批判，而在语义的不确定性上形成了一个共识。总体来说，新格赖斯理论允许在格赖斯意义上"所说的"部分追加一些语用因素，同时宣称他们所关注的同样也是说话者的意思。尽管如此，新格赖斯理论所主张的话语理解过程并没有真正关注听话者自我中心的一面，因为诸如意图和共有知识这些因素具有个体性。

（三）后格赖斯理论

后格赖斯理论体系中的关联理论，在当今众多的主流语用学理论中被公认为以研究话语理解过程为导向的理论。RT 宣称语用学的本质任务就是要解释"听话者是如何理解说话者所意图的语境的"。同时，RT 的缺点也十分明显。Bach

提出"听话者的视角无疑会导致对于说话者意图的中心地位的认识不足以及意图识别和理解的偏误"。同样，Saul 也认为："这两种理论的主要区别在于他们所设计的'谁的意义'，新格赖斯理论遵循了格赖斯的视角，关注的是话语的意义，包括隐含义，追求的是说话者的意义；而关联理论关注的是从听话者怎样重建说话者交际意图的角度来考察交际过程的。"上面已经讨论了格赖斯理论实质上是基于听话者视角的，因此可以说传统主流语用学理论都是以话语理解或听话者为导向来设计的。其二分法，如"说了什么/牵连了什么""解释/含意"，或三分法，如"所说的/暗示的/含蓄的"等都体现出从话语理解角度考察交际过程的主旨，根本原因在于格赖斯理论体系是基于理想交际模式的。

二、话语输出

（一）说话者主导输出

在格赖斯理论体系中很少有关于说话者责任的论述，其中关联理论有少许探讨，体现在对"明说"的性质的描述上。我们认为，说话者责任不仅包括 RT 所描述的内容，也包括在话语输出过程中说话者的自我因素，即说话者不仅提供共有知识，同时也提供一些个体独有的甚至是自我中心性信息。

传统语用学理论大多关注听话者如何认知和恢复说话者意义的过程而较少关注话语的生产过程，这是因为人们一般将听话者的责任当成是话语交流的唯一责任，一次成功的会话关键在于听话者是否能够推断说话者所意图表达的意思。就格赖斯来说，所说的或所隐含的之分就意味着一种责任分割：对于说话者而言，他们的责任就是向听话者提供蕴含着真值条件语义的语言形式；对于听话者而言，其责任就是识别该语言形式并在此基础上对于不符合常理的部分根据语境进行语用推理，直到推断出说话者所意图的意义为止。新格赖斯理论注意到了这种"一刀切"划分的弊端，因为说话者所提供的远远不会只是一个含有真值条件语义的语言形式，还包括说话者的态度情绪、意图等语用因素。基于此，新格赖斯理论扩大了"所说的"部分的内涵，相应缩小了"所隐含的"部分的范畴，但是"说话者的责任"这个本质没有改变。关联理论则是被公认的一种考察话语理解过程的理论，虽然其"外显义"的范畴的确涉及了很多说话者因素，但其宗旨是为听话者理解服务的，即从听话者的角度来推理说话者提供的包含语义真值和其他语境因素在内的命题意义。显然，听话者所推断的或恢复的命题并不完全等同于说话者所表达的命题意义，因为说话者不但表达公共知识部分同时也表达个人知识部分，前者是可以推断并恢复的，而后者是很难或者不能推断和恢复的。从这一点来看，关联理论所主张的是典型听话者责任。

"话语输出"概念旨在同时考虑说话者在特定语境下所提供的共同背景和自我知识。要想话语输出毫无歧义是很不现实的，语言形式本身就充满歧义，而且其他可能导致歧义的因素也不计其数。人们都希望尽可能减少歧义，追求交际效果。但尽善尽美是不可能的，"做到足够就好"。实际上，说话者也有很多方法可以尽可能地减少歧义，从而使话语达到听话者可以理解的程度。值得注意的是，认知派通过研究证明，说话者采用消歧的方式并不是试图要显得"合作"，而是出于自己的利益——记忆的可及性，甚至说话者对自己所说的话"感到有歧义"比他人更敏感。有研究表明，说话者采用修辞韵律手段来消歧并不是出于为听话者考虑，而是出于自己的需要。众所周知，合作原则要求说话者提供适量信息，如当单位同事问我住在哪里的时候，我不会单单只是说"我住在杭州"，因为这样的回答信息量是不够的。恩格尔哈特等人的研究表明说话者确实是趋向避免信息不足的，但同时他们也发现说话者也系统地犯错误，即趋向于提供过量的信息。信息的可及性是决定我们大脑思维怎样工作的一个重要因素，决定说话者言语信息内容的并不是他们认为或相信听话者对该信息的可及性，而是他们自己对于该信息的可及程度。如在医院门诊时医生趋向于使用专业术语，这并不完全是因为患者提到了有关病情的专业性话题，而是因为这些专业术语对于医生来说更熟悉。有学者发现，即使当患者的提问并不具有专业性时，医生的回答也依然趋向于使用专业词汇。当然说话者也会认真考虑听话者的思维状态，如要求说话者解释图片的时候，我们发现他们更多地考虑共有知识而不是自我知识。然而，一旦说话者出于某种压力要求快速交流的时候，他们则更多地依靠自我知识。

另外，说话者也趋向于高估他们的话语效果，体现为系统性偏见，认为他们的话语是被听话者理解的。为什么说话者会高估他们的效率呢？其原因是，发话者知道自己的意图，知道要表达的东西，也知道怎样表达，但是这只是相对于他们自身而不是听话者而言的。举例而言，在一种哼曲调让听话者猜歌曲的游戏中，哼唱者往往高估自己的效率。根据合作原则，体现合作的一种方式就是，说话者积极考虑听话者的思维状态以期能使他们的交际适应对方，因此说话者会评估他们所知道的和听者所知道的。实际上，说话者很少会考虑对方真正知道什么，他们会利用一种更粗劣的方式，也就是他们共同知道的东西。然而，有时候在和一个共有知识较多的对象交流新信息时反而比和共有知识少的对象所产生的误解更多，因为共有知识的增多会导致交际双方期待更好和更多的信息交流。同时，高估会导致说话者省略部分听话者并不知道的必要知识，从而导致误解。

一方面，说话者的思维在本质上是自我中心性的，为了保障交际的顺利进行他们会进行监控并纠错，但一旦受到某种干扰，他们又会重新滞留在原来的思维状态。另一方面，"合作原则"仍然在发挥着作用，至少交际者是遵守合作总则的，即有一个共同的目标和方向，否则交谈就只能陷入寂静。基于此，我们认为说话者不会像格赖斯所希望的那样，是完全遵守合作原则及其准则的，但也不会像凯撒所偏重的，即说话者是高度自我中心的。具体对于"输出"而言，我们强调说话者的责任，且自我中心思维过程也具有主观监控和调整机制。

（二）输出内容的共同性与自我性

在格赖斯关于说话者意义的分割中，"所说的"只是一个包含真值条件语义部分，其余凡是要涉及语用推理的部分都归属于"所隐含的"。这种分割无疑是受到了当时逻辑学关于真值语义的影响，因为逻辑学有很强的精确性和预测性。这种理想的模式很快受到了语境主义者的批判，因为显然说话者所提供的不仅仅是一个句子或是一个话语，这其中还包含说话者的主观态度、情感和语境因素等。在后格赖斯和关联理论那里，"所说的"部分被发展成为一个包含真值语义和其他语用成分在内的命题形式。关联理论当中的"显义"无疑是所有语用学理论中关于命题形式论证最为充分的。有学者认为"显义"是语言编码和语境推理结合的产物，语境因素作用越小则其外显性越强，反之亦然。对于"显义"的内涵作了更详细论述的是卡斯顿，他认为"显义"是一个由语用贡献所组成的命题，并且与贝奇不同的是，他认为语用涉及的是"所说的"部分，与列文森不同的是，他认为从真值语义经过语用推理所发展起来的是"显义"而不是"隐义"。显然，这里的语用推理指的是一种自动的、缺省的推理，是区别于需要特殊语境的推理。由于关联理论是以听话者为导向的，所以"显义"当中的语用推理可以理解为：听话者基于说话者提供的语句进行自动和缺省的语用丰富过程，其他需要进一步语用推理的部分则归属于"隐义"。

作为从说话者角度考察的"话语输出"与后格赖斯理论一致的地方在于，它是作为一个命题形式提出来的，而且是一个"全命题"。我们认为，"话语输出"的内容不仅包括缺省推理的语义部分，也包括说话者的意图、态度和情感等。从命题角度来看，"话语输出"和亚希乔特提出的"组合表征"具有相似"组合表征"包括四个方面，即词汇意义和句子结构（WS）、语用推理（CPI）、认知缺省推理（CD）以及社会文化缺省推理（SCD）。与亚希乔特不同的是"话语输出"的命题内容不仅包含自动和缺省推理部分，也包括说话者自我中心性部分，这是以往没有探讨过的。

无疑，话语输出内容也包括共同部分和自我部分。共有知识在交际当中起到一种促进双方理解的作用，很难想象持两种不同语言或者两种完全不同文化之间的人们能够交流什么。当然共有知识也是相对的和动态的，与同一个语言社团的人们交流，其共有部分就会很大；在朋友、家人或夫妻之间则共有部分会更大，反之亦然。

三、话语摄入

（一）摄入是意义恢复和自我中心化过程

"话语摄入"是一个说话者意义恢复的过程，这与传统语用学理论对话语理解的描述一样，不同的是，除此之外我们认为"摄入"还是一个意义"内化"或者"自我中心化"过程。

话语理解就是一个意义恢复的过程，然而对过程的划分还是有争议的，焦点在于将"所说的"看成句子还是"话语"。格赖斯持前一种观点，并导致对于话语理解的真值条件语义或语用完善之分；后格赖斯理论持后一种观点，认为"所说的"是一个语用化了的命题，从而导致命题或隐含义划分。另外，关联理论当中的"外显义"无疑是一个高度语用化了的命题，其中渗透了很多说话者因素。对"所说的"部分不断的语用侵入导致了当今语用学界对语义和语用边界的激烈探讨，我们形象地称之为"拉锯战"。

就"话语摄入"而言，我们偏向关联理论的分割方法，即认为有一个基本的缺省式的推理过程和一个需要特别语境的附加推理过程，不同的是这里采用凸显机制作为分割理据。话语摄入是一个自我中心化过程，意味着言语交际并不是简单的编码和解码过程，而是一个根据个人先前经历或知识来诠释话语意义的过程，即话语在诠释过程中必然会打上听话者的"自我"烙印，并不完全等同于说话者意图的意义。其中，语言形式无疑是基点，而说话者在解构语言形式过程中其自我知识必然会参与到"意义恢复"中来，其结果必然会打上"自我"烙印，即"自我中心化"。

有学者认为："在会话过程当中作为个人语境的标记的词汇单位所体现的过程是不一样的，在说话者那里是一个'概念标记等级模式'，而在听话者那里是一个'标记—概念等级模式'。"因此对"话语摄入"来说，词汇标记产生的是听话者个人知识和经历的等级模式，而不是说话者产生该词汇标记等级模式，也就是说从表面来看词汇对交际双方是一样的，但其所蕴含的个人语境是不一样的，因为个体在社会生活经历中赋予了某个特定词汇特定的诠释，而这种个体差异性无疑会导致对话语的误解。

（二）摄入是等级凸显推理过程

当今语用学理论都认同话语理解是一个推理过程，分歧只是在于对推理步骤的划分。这里主张的"话语摄入"同样也包含一个推理过程,不同的是其推理机制是"等级凸显"。上面我们已经讨论了"摄入"是一个自我中心化的过程,这里我们进一步提出其运行机制是"等级凸显",并以此作为传统推理体系的一个补充。

推理是语用学的核心概念之一。一般来说,传统语用学有三种推理方式,即演绎推理、合成推理和会话推理。在语用学中"合成推理"还没有引起人们的足够重视,这是因为一方面该推理方式涉及太多的心理学内容;另外一方面语用学家还没有很好地意识到该推理在话语理解中的作用,"合成推理"存在于潜意识的语言处理中,主要是通过对解码得到的语义表征进行补充,即补充语言表征中没有但却是推理所必需的知识。凸显推理在很大程度上与合成推理是相似的,突出的一点是两者都强调推理过程的无意识状态,并且都是基于语言形式解码的大脑思维的直接的反应过程。我们认为,合成推理其实也是本书所归纳的缺省推理和前提推理。凸显机制和缺省机制的关系,主要有两点:一是凸显推理具有等级性;二是凸显推理支持自我中心观。

话语理解的等级推理是建立在听话者对话语理解所付出的努力程度上的。总而言之,格赖斯的等级模式是识别真值条件语义的语言形式(所说的)和语用推理(所隐含的)的划分,即识别和推理之分。前者是涉及语言形式层面的识别和最基本的推理,而后者则涉及语境。新格赖斯理论将第一层面的推理进行了扩张并使其包括了部分基本的语用因素;而关联理论则将大量的说话者因素归入第一层面推理,即"外显义"的推断。其他需要特殊语境的推理则属于第二层面,即"隐含义"的获取。除了上面提到的两个层面的推理设想外,其他的学者甚至提出了"三步推理"模式,即在格赖斯两个层面之间插入一个中间层面。将该中间层面称为"隐义",这是一个除了真值条件语义的语言形式和需要特殊语境的"隐含义"之外的自动和缺省性语用推理步骤。主张这种划分的还有莱文森提出的"先设意义"推导,即"一种由于人们对于某种场景或者世界知识反复使用并通过人类一般性推理机制而产生的先设性、缺省性的推理结果"。对于缺省推理关注较多的是亚希乔特，他在《缺省语义》一书中将缺省推理定义为"一种较少心理负担的、更加经常的、凸显的并通过潜意识而形成的捷径式推理"，这种意义诠释通常是独立于语境的，但是能作为最小语境下的意义解释"。

以上推理模式的一个共同点是：第一、二层面的推理都是基于最小语境的、自动的、缺省的和潜意识的推理，是基于格赖斯意义上的真值条件语义上通过必要的语用侵入而形成命题的过程。该过程对于"话语摄入"的"等级凸显"而言也是适应的。书内多次提到的"自动""缺省"等概念其实也是"凸显"这一概念的基本特征。值得注意的是，凸显机制是人大脑的一种工作机制，由语言形式所触发的概念凸显是以一种自动的、缺省的方式进行的。从这个角度来说，似乎不应该将凸显视为推理机制。但另一方面，不同等级的词汇和话语意义的凸显无疑是人们在有意识状态下结合语境等因素选择适合意义的前提和基础，从这个角度来讲，凸显又是推理过程的一个有机组成部分。再者，学界所达成共识的推理过程本身就包括诸如"缺省推理""前提意义推理""预设推理"等很多体现为无意识思维状态的推理，因此把凸显机制也视为一种推理机制。

这里将传统语用学的"二分"和"三分"以及认知心理学派的自我中心和凸显结合到"等级凸显"中来，一方面克服了语用学只关注基本推理而忽略自我中心现象的缺陷，另一方面也将自我中心现象纳入统一解释中来。周红辉提出："当听话者接触说话者所提供的话语的时候，大脑会自动地、无意识地对话语的语言形式做出基本的缺省推理，这一步是在最小的语境下完成的，并不需要特殊的语境，同时由于频率和使用习惯等原因，这种凸显大都是无意识的。"

参考文献

[1] 罗国莹,刘丽静,林春波.新编语用学研究与运用[M].北京:中央编译出版社,2020.

[2] 倪素平.简明语用学[M].长春:吉林大学出版社,2020.

[3] 李秀明.语用学与语言建构[M].杭州:浙江大学出版社,2020.

[4] 钱冠连.汉语文化语用学[M].北京:清华大学出版社,2020.

[5] 杨娜.新闻媒体话语的语用学研究[M].北京:外语教学与研究出版社,2020.

[6] 李占喜.翻译课堂教学的语用学研究[M].北京:科学出版社,2020.

[7] 李国玲.言语行为的认知语用学分析[M].西安:西安交通大学出版社,2020.

[8] 侯凤英.人称指示语的人际语用学研究[M].太原:三晋出版社,2020.

[9] 冉永平.语用学十讲[M].上海:上海外语教育出版社,2021.

[10] 汪婷婷.语用学理论与应用分析[M].北京:冶金工业出版社,2021.

[11] 苏蔚.语用翻译学导论[M].长春:吉林科学技术出版社,2020.

[12] 何自然,魏在江,戴仲平.语用新论[M].上海:上海外语教育出版社,2020.

[13] 赵长河.语用化语文教学[M].武汉:长江文艺出版社,2020.

[14] 潘珣祎.现代汉语话题结构的认知语用研究[M].上海:上海大学出版社,2020.

[15] 张晓丽.认知视角下的英语语用学研究[M].北京:中国书籍出版社,2019.

[16] 李娟.特称描述语理解机制的语用学研究[M].广州:暨南大学出版社,2019.

[17] 兰晶.语用学探析[M].长春：吉林大学出版社，2019.

[18] 高琳.多维视角下语用学探究[M].北京：北京工业大学出版社，2019.

[19] 刘永萍.语用学视角下的聋人手语研究[M].南昌：江西人民出版社，2019.

[20] 夏登山.三方交际的语用学研究[M].北京：商务印书馆，2018.

[21] 曲娟，周玉琨.语用学与对外汉语教学[M].北京：新华出版社，2018.

[22] 郑东升.中国法庭语用学研究[M].北京：中国政法大学出版社，2018.

[23] 易蔚.语用学与翻译多维透视研究[M].成都：四川大学出版社，2018.

[24] 佟福奇.语义学及语用学研究论集[M].北京/西安：世界图书出版公司，2018.

[25] 张婧.商务英语语用学研究[M].长春：吉林大学出版社，2018.

[26] 许小艳，庞加光.认知语用学的理论与应用[M].西安：西安交通大学出版社，2018.

[27] 叶慧君.汉语词义在线理解的词汇语用学研究[M].北京：外语教学与研究出版社，2018.

[28] 肖婷.跨文化语用学与旅游翻译研究[M].北京：中国国际广播出版社，2018.

[29] 黄利民.旅游景区语言景观的社会语用学研究[M].哈尔滨：哈尔滨工业大学出版社，2018.

[30] 仇云龙，程刚.语用学视角下的文学翻译研究[M].广州：广东世界图书出版有限公司，2018.

[31] 孙巍.跨文化语用学视角下的言语行为[M].济南：山东大学出版社，2018.

[32] 万维群.认知视角下词汇的构式语用学解析[M].长春：吉林教育出版社，2018.

[33] 王凤琴.功能语言学与语用学理论分析及其应用研究[M].成都：电子科技大学出版社，2018.